Rita Pohle

# Die besten Entscheidungen sind die, die man trifft

RITA POHLE

# Die besten Entscheidungen sind die, die man trifft

## Von der Klugheit der Ratten profitieren

ARISTON

FSC
Mix
Produktgruppe aus vorbildlich bewirtschafteten Wäldern und anderen kontrollierten Herkünften

Zert.-Nr. SGS-COC-1940
www.fsc.org
© 1996 Forest Stewardship Council

Verlagsgruppe Random House FSC-DEU-0100
Das für dieses Buch verwendete FSC-zertifizierte Papier Munken Premium liefert Arctic Paper Munkedals AB, Schweden.

Bibliografische Information der Deutschen Bibliothek

Die Deutsche Bibliothek verzeichnet diese Publikation in der Deutschen Nationalbibliografie; detaillierte bibliografische Daten sind im Internet unter http://dnb.ddb.de abrufbar.

1. Auflage


Umschlaggestaltung: ZERO Werbeagentur, München,
unter Verwendung einer Illustration von Susanne Kracht, München
Illustrationen: Susanne Kracht, München
Satz: EDV-Fotosatz Huber/Verlagsservice G. Pfeifer, Germering
Druck und Bindung: GGP Media GmbH, Pößneck
Printed in Germany 2009

ISBN: 978-3-424-20000-3

# Inhalt

# Ein ungewöhnlicher Abend

Michael freute sich wie immer auf einen Abend mit seinen alten Schulfreunden. Zunächst schien auch alles beim Alten zu sein: Es war der erste Freitag des Monats und die gleiche Uhrzeit wie sonst, halb acht. Es war das gleiche Restaurant wie immer, der Italiener *Da Giovanni,* und natürlich war auch der Tisch der gleiche wie sonst, der runde in der Ecke. Michael und drei weitere Freunde, die sich seit der Schulzeit kannten, trafen sich hier monatlich zusammen mit ihren Partnerinnen. Außerdem waren Michael und seine Freundin Jule immer die Ersten, die im Restaurant eintrafen.

Eines jedoch war heute anders, als die beiden das Lokal betraten: Stefan saß bereits am Tisch und vor ihm stand ein Bier. Jule fragte Michael verwundert: »Was ist denn mit dem los?«, denn Stefan erschien normalerweise immer eher als Letzter. Michael zuckte die Achseln: »Was soll mit ihm los sein, er ist eben mal der Erste!«

Als Nächste kamen Ruth und Lars-Hendrik und setzten sich. Der italienische Wirt Giovanni begrüßte seine Stammgäste mit Handschlag und brachte kurz danach ungefragt ein Tablett mit Hefeweizen und stellte zwei davon auf die verbliebenen freien Plätze. Die Speisekarten legte er daneben.

Jule war schließlich diejenige, die es nicht mehr aushielt: »Was ist mit dir los, Stefan? Du siehst irgendwie übernächtigt aus.« Stefan schwieg und schien sich nur für sein Weizen zu interessieren. So kannten sie ihn nicht. Er war normalerweise immer gut gelaunt, schlagfertig und für jeden Spaß zu haben. Wenn Stefan schwieg, hieß das nichts Gutes.

»Wieder Ärger im Job?«, fragte Lars-Hendrik und Ruth fuhr dazwischen: »Wo hast du denn Nadine gelassen?« Jetzt schienen auch die Männer zu begreifen, dass irgendetwas nicht stimmte. Stefan schaute auf, dann sagte er, mehr ins Leere als an seine Freunde gerichtet: »Nadine hat mich verlassen.« »Wie? Verlassen?«, wollte Lars-Hendrik wissen. »Wie wohl, verlassen?«, fuhr ihn seine Freundin Ruth an und verdrehte dabei die Augen. »Kapierst du's nicht? Verlassen – wie weg!« Lars-Hendrik war mal wieder schwer von Begriff.

In das darauffolgende zähe Schweigen platzten Regula und Thomas hinein. Wie meistens kamen sie zu spät. »Hallo, meine Süßen«, rief Regula in die Runde, »tut mir leid, aber ich musste mich nach dem Stresstag erst noch mal in die Badewanne legen und ...«, »und sie konnte sich dann nicht entscheiden, was sie anziehen sollte«, setzte Thomas den Satz fort.

Die beiden nahmen am Tisch Platz und Regula fragte: »Was ist denn hier für eine Stimmung? Ist jemand gestorben?«

»Stefan wurde von Nadine verlassen«, erklärte Ruth. »Oh, Scheibenkleister«, entgegnete Regula und griff zu ihrem Weizen. Alle anderen erhoben auch ihre Gläser. »Na dann, auf dein neues Single-Leben!« Thomas prostete den anderen zu. »Du bist ein Idiot!« Dieser Seitenhieb kam von Regula. Stefan starrte immer noch Löcher in den Tisch. »Stefan, nun sag schon, was ist passiert? Hat sie einen Neuen?«, wollte Regula wissen.

»Ich glaube nicht«, Stefan schaute scheu in die Runde, »ich bin ja selbst schuld. Sie wollte, dass wir heiraten, oder, wie sie es ausdrückte, dass ich mich für sie entscheide. Sie wollte wissen, wohin sie gehört, und sie wollte Kinder mit mir haben.«

»Ja und, wo liegt das Problem?«, fragte Jule.

»Das kam für mich aus heiterem Himmel. Ich habe das zunächst gar nicht ernst genommen und dann konnte ich mich einfach nicht für sie entscheiden!«, antwortete Stefan.

»Nadine ist es bestimmt nicht leichtgefallen, dich vor diese Entscheidung zu stellen. Und wahrscheinlich leidet sie jetzt genauso wie du«, fuhr Jule fort.

»Das glaubst du ja wohl selbst nicht!«, fuhr ihr Michael ins Wort, »immerhin hat sie ihn verlassen. Und dazu noch wegen so einer Lappalie!«

»Lappalie nennst du das, wenn sich ein Mann nicht für seine Frau entscheiden kann?!«, fauchte Jule zurück.

»Ach, hört auf! Streitet euch nicht noch wegen mir!« Stefan sah seine Freunde traurig an.

Lars-Hendrik mischte sich ins Gespräch ein: »Also wenn ihr mich fragt, ist das doch so: Wenn ein Mann mit einer Frau zusammenlebt, dann hat er sich auch für sie entschieden, jedenfalls für den Moment, oder?«

Jetzt platzte seiner Freundin Ruth fast der Kragen: »Zum Glück fragt dich keiner! Außerdem finde ich es beruhigend zu hören, dass du dich für den Moment für mich entschieden hast! Ich bin ja gespannt, wie du dich dann im nächsten Moment entscheidest!«

»Jetzt mach nicht wieder ein Drama daraus!«, antwortete Lars-Hendrik und widmete sich der Speisekarte.

»Wie lange wart ihr denn zusammen?«, wollte Regula wissen.

»Fast sieben Jahre! Und alles war prima, solange sie mich nicht heiraten wollte!« Stefan war den Tränen nahe.

»Jetzt hat sie auch noch Schuld?«, versuchte Jule Stefan zu trösten, was ihr nicht recht gelang.

»Nein, eigentlich nicht. Aber ich verstehe nicht, warum ich mich nicht entscheiden konnte. Und plötzlich hatte sie sich entschieden und hat mich verlassen!«

»Dann ruf sie an und sag ihr, du hättest es dir anders überlegt«, schlug Thomas vor.

»Das kann ich nicht. Ich hab's mir auch nicht anders überlegt. Ich kann mich immer noch nicht für eine Ehe mit ihr entscheiden. Dieses ganze Brimborium, wozu will sie das? Wozu braucht sie das? Es war so auch ganz gut. Warum wollen Frauen immer heiraten? Ich verstehe das nicht! Ich fühlte mich so unter Druck gesetzt. Und ich funktioniere nun mal schlecht unter Druck. Aber jetzt, wo sie weg ist, fehlt sie mir. Sie ist die tollste Frau unter dieser Sonne. Und nun ist sie weg.« Stefan fiel noch mehr in sich zusammen.

»Und warum wollen sich manche Männer nicht festlegen? Das verstehe ich nicht!«, wunderte sich Ruth, und Stefan fuhr fort: »So gemein das klingt: Nadine ist eine tolle Frau. Aber wenn ich mich allein für sie entscheide, habe ich das Gefühl, mich gegen alle anderen tollen Frauen da draußen zu entscheiden. Woher weiß ich denn, dass sie die Richtige ist? Es könnte ja sein, dass das Beste erst noch kommt.«

»Ja, träum schon mal weiter und werde dabei langsam alt und grau!« Regula ertrug die Diskussion kaum noch.

»Hast du dir mal eine Liste mit den Fürs und Widers gemacht? Das mache ich immer, wenn ich mich nicht entscheiden kann«, meinte Ruth. »Die Bankfrau spricht«, erklärte Lars-Hendrik, woraufhin Ruth ihn anfuhr: »Besser eine Liste als keine Entscheidung. Oder weißt du schon, was du heute isst? Deine Eltern konnten sich ja bereits bei deiner Namensgebung nicht entscheiden, ob es ein Lars oder ein Hendrik werden sollte, daher der Bindestrich. Ist anscheinend erblich!«

»Lasst uns erst mal das Essen bestellen, bevor wir weiterreden beziehungsweise weiterstreiten. Ich habe seit einem pappigen, belegten Brötchen heute Vormittag nichts mehr gehabt«, schlug Michael vor. Die anderen stimmten zu und die ganze Runde war sich heute zum ersten Mal einig.

Thomas kam plötzlich eine Idee: »Solange wir auf das Essen warten, erzähle ich euch eine Geschichte. Die Geschichte einer Rattenfamilie, einverstanden?«

»Igitt, diese schrecklichen Viecher! Mit ihrem ekligen nackten Schwanz. Was willst du uns von denen denn erzählen?« Regula schüttelte sich bereits beim Gedanken daran.

»Ich finde sie süß«, konterte Ruth, »als mein Bruder klein war, hatte er zwei Ratten als Haustiere. Die waren anhänglicher als Hunde und hörten aufs Wort. Eine davon hieß Erika.«

Thomas fuhr lächelnd fort: »Die Geschichte, die ich euch erzählen möchte, handelt von Freundschaft, neuen Herausforderungen, Tatkraft und Entscheidungsfreude. Und allen von euch, die Ratten nicht mögen, sei gesagt, dass sie dem Menschen sehr viel ähnlicher sind, als ihr ahnt: Sie sind Allesfresser, wie der Mensch. Sie sind extrem anpassungsfähig, das sind wir auch. Sie leben in einem sozialen System, so wie wir. Und sie sind schlau. Wenn eine Ratte lange überlegen würde, würde sie nicht überleben. Sie muss schnell handeln. Außerdem finde ich sie schön, sie sind weich und zart und sie sind sehr saubere Tiere. Und vielleicht fällt dir nach dieser Geschichte deine Entscheidung leichter, Stefan. Aber wenn ihr die Geschichte nicht hören wollt ...«

»Doch, wir wollen sie hören ...«, Ruth schlug sich auf seine Seite, »nachdem wir bestellt haben.« Nach weiteren zehn Minuten hatte Giovanni alle Bestellungen aufgenommen und Thomas konnte mit seiner Geschichte beginnen:

# Racines Heimkehr

Im Schutz einer mit Graffiti besprühten Mauer, die Körper dicht an die Wand gepresst, huschten zwei Ratten. Eine der beiden Ratten hob ihren Kopf, als sie den Duft von Bratwurst schnupperte, der vom Imbisswagen auf der Brücke an ihrer Nase vorbeizog. Sie hieß Racine und war eine schlanke, überaus hübsche, hellbraune Rattendame mit einer weißen Brust. Ihr Fell glänzte samtig und unter ihren langen gebogenen Wimpern hielten zwei unternehmungslustige, schokoladenbraune Augen ständig nach neuen Abenteuern Ausschau. Im Schutz der Mauer blieb Racine kurz stehen, erstaunt, wie vertraut ihr der Geruch trotz der langen Abwesenheit von zu Hause war. Sie spürte ein gespanntes Kribbeln im Bauch und freute sich einmal mehr darüber, dass sie ihrem Gefühl gefolgt war und beschlossen hatte, ihrer alten Heimat und ihrer Familie einen Besuch abzustatten. Die Reise von Paris bis hierher war lang und gefährlich gewesen, daher war sie froh, dass sie ihren guten Freund Doc überredet hatte, sie zu begleiten. Doc war eine schwarz-weiß gefleckte, sehr männlich wirkende Ratte mit einigen Narben im Fell. Außerdem fehlte ihm das halbe rechte Ohr, sein Schwanz war an zwei Stellen abgeknickt und mit dem linken Hinterlauf hinkte er leicht. Die Kämpfe des Lebens, die ihre Spuren hinterlassen hatten, gaben ihm ein verwegenes Aussehen und ließen ihn auf Rattendamen durchaus attraktiv wirken.

Seit zwei Tagen hatten die beiden kaum geschlafen, und die Strecke vom Flughafen bis hierher waren sie fast ununterbrochen gerannt. An einem großen grauen Gittertor blieb Racine stehen. Vor dem Torpfosten stellte sie sich auf die Hinterbeine und lugte um die Ecke. Dann flüsterte sie ihrem Begleiter zu: »Hier ist der Schrottplatz. Wir haben es gleich geschafft!« Doc, der außer Atem war, keuchte als Antwort nur ein leises »Na endlich«.

Racine rannte zu einem Stapel alter Reifen und suchte dahinter Deckung. Sie orientierte sich. Es roch nach Menschen! Und da waren sie auch schon, sie strömten aus einem Gebäude, das es vor einem Jahr noch nicht gegeben hatte. Damals stand hier eine windschiefe Holzbaracke. So viele Menschen! Zum Glück liefen sie in die andere Richtung, hinaus zum Tor.

Racine schaute sich um: Der große Kran von früher stand noch da, hinter ihm stapelten sich bergeweise Schrottautos. Dahinter musste sie irgendwo sein: Ihre alte Heimat! Sie rannte weiter, zielgerichtet auf eine Gasse zu, in der rechts und links Autos standen. Sie hatten keine Räder mehr und die meisten auch keine Türen, waren verbeult oder bestanden nur noch aus dem Unterteil. Die ältesten Exemplare befanden sich ganz hinten.

Und dann, endlich, sah sie ihn, beige wie die Schale eines Hühnereis, rostig, eingestaubt und ohne Türen, aber es gab ihn noch: den alten Citroën DS. Sie kratzte zweimal kurz am vorderen Kotflügel und schon schauten zwei kleine braune Augen vom Sitz aus auf sie herab.

»Was sehen meine alten Augen? Racine, mein kleines Rattenmädchen! Das ist ja kaum zu glauben!«

»Papa«, rief Racine und umarmte ihren Vater, »geht es dir gut? Wo ist Mama?« »Wo soll sie schon sein? Im Salon, sie räumt auf, wie immer.«

»Raclette, komm her, wir haben Besuch. Du wirst nie erraten, wer da ist!«

»Ich hab's schon lange gerochen. So gut riecht nur meine Tochter.« Raclette sprang über die Beifahrerlehne auf den Sitz. »Mein Kind, ich freue mich so! Lass dich anschauen. Du siehst fabelhaft aus. Wo kommst du denn her? Direkt aus Paris? Hast du die gefährliche Reise ganz alleine gemacht?«

Wie immer stellte ihre Mutter viele Fragen, ohne dass sie die Antworten wirklich interessierten. Aber ihre Fragen erinnerten Racine an Doc. Sie hatte ihn völlig vergessen und draußen vor dem Auto stehen lassen. »Doc, komm rein. Mama, Papa, ich habe jemanden mitgebracht. Das ist mein Freund Doktor Rattus, mein Begleiter und Beschützer.«

Racines Mutter musterte Doc gründlich und fragte schließlich: »Dann hast du jetzt also einen Bodyguard?« An Doc gewandt sagte sie: »Freut uns, Herr Doktor!«

»Nennen Sie mich einfach Doc«, entgegnete Doc lächelnd.

»Aber jetzt kommt doch erst mal richtig rein.« Raclette sprang über die Lehne nach hinten auf den Rücksitz und die anderen folgten ihr. »Nehmt Platz, macht es euch bequem. Ihr habt bestimmt Hunger. Louis, geh doch mal zum Imbiss und besorg uns etwas zu essen.«

Louis, der eigentlich Ludwig hieß, erhob sich gequält und wenig begeistert, folgte jedoch dem Befehl seiner Frau. »Ich begleite Sie«, sagte Doc, und beide sprangen aus dem Auto.

Sobald Mutter und Tochter alleine waren, fragte Raclette neugierig:

»Wie bist du denn an den geraten? Mit seinem abgeknickten Schwanz sieht er ziemlich angeschlagen aus und sein Fell ist etwas stumpf.«

»Mama«, entgegnete Racine, »Doc ist ein guter Freund von mir. Ich habe ihn vor einem halben Jahr aus einem Labor gerettet, dafür war er mir sehr dankbar und seitdem sind wir zusammen unterwegs. Im Übrigen wäre ich ohne ihn nicht hier. Er ist zuverlässig und sehr schlau.«

»Zumindest das kann man von den meisten Rattenmännchen nicht behaupten! Und eigentlich sieht er gar nicht so schlecht aus, mit seinen Schrammen und dem strubbligen Fell, irgendwie männlich. Ich hoffe nur, die Jungen kommen dann eher nach dir. Du bist eine Schönheit, ma petite Racine.«

Racine verdrehte die Augen, aber bevor sie etwas erwidern konnte, fuhr ihre Mutter ohne Luft zu holen fort:

»Aber weißt du schon das Neueste: Wir müssen ausziehen!« Von einer Sekunde zur anderen verfinsterte sich das Gesicht von Raclette und sie war den Tränen nahe. »Nach all den Jahren müssen wir hier weg! Sie werden alle Autos in diese Presse packen und zu kleinen viereckigen Würfeln formen. Danach fährt der Kran die Würfel auf ein Schiff und fort sind sie! Und wer in seinem Auto sitzen bleibt, wenn es in diese Presse kommt, wird ebenso zu einem kleinen Würfel zusammengepresst! Dem passiert dann das, was fast deinem Patenonkel Karl-Otto passiert wäre.«

»Tja, manche Entscheidungen kosten einen Kopf und Kragen«, seufzte Racine und dachte an die Würfel, die gleich neben dem Tor standen. Während ihrer Kindheit gab es solche Würfel noch nicht, es gab auch nicht diese lärmende Presse, die die alten Autos zuerst verschlang und sie dann als Würfel wieder ausspuckte.

Unterdessen klagte Raclette weiter: »Mein schönes Heim, alles wird zerstört! Erst pressen diese Unmenschen die Autos in Pakete, dann werden sie auf Kähne verladen und dann soll hier ein Bürogebäude gebaut werden. Wie das nebenan, hast du es schon gesehen? Aber ich will hier nicht weg! Und deinen Vater lässt das vollkommen kalt! Er ist ja auch eine alte Wanderratte, er freut sich richtig darauf, weiterwandern zu können. Aber mich kriegt hier keiner raus!«

»Aber Mama«, entgegnete Racine entsetzt, »dann wirst du genauso enden, wie Onkel Karl-Otto fast geendet wäre, nur in einem elfenbeinfarbenen Würfel.«

»Wie kannst du nur so grausam sein …« Aus den Augen von Racines Mutter ergoss sich ein neuer Tränenschwall.

Racine erinnerte sich: Ihre Mutter war eine Meisterin im Verdrehen von Tatsachen, und die Schuld hatten immer die anderen. Genau das hatte sie in diesem einen Jahr, seitdem sie von zu Hause weggegangen war, am allerwenigsten vermisst. Warum machte ihre Mutter so ein Theater? So schön war es hier auf diesem Schrottplatz ja auch nicht. Sie schaute sich um. Viel hatte sich seit ihrem Weggang vor einem Jahr nicht verändert: Auf dem rechten Rücksitz lag ein Haufen Handschuhe. Alles Einzelstücke. Auf der Hutablage stapelte sich eine Kronkorkensammlung, der ganze Stolz ihrer Mutter. Gegenüber, auf der linken Seite des Rücksitzes, häuften sich Kissen in unterschiedlichen Größen, Farben und Mustern, und das elterliche Schlafzimmer war bunt und überladen wie eh und je.

In dem Netz, das hinten am Sitz angebracht war, befand sich Raclettes Handtaschensammlung, weil Racines Mutter alles sammelte, was Henkel und Schnallen besaß.

Jetzt zeigte sie auf all diese Dinge und jammerte: »Wie soll ich denn damit umziehen? Und wohin? Ich will hier nicht weg! Das ist dein Elternhaus, hier bist du geboren! Und das alles sollen wir aufgeben?« ›Na, das können ja heitere Tage werden‹, dachte Racine. ›Ich bin gerade angekommen und fühle mich wie begraben unter dem Gejammer meiner Mutter!‹

Wie gut, dass in diesem Moment die Erlösung nahte: Papa Ludwig und Doc kamen zurück. Doc trug Pappteller und Racines Vater hielt einen Hähnchenschenkel zwischen seinen Vorderpfoten. »Raclette?«, fragte er, »was ist denn hier für eine Friedhofsstimmung? Wir feiern jetzt die Rückkehr meiner Tochter und du weinst?«

»Mama hat wohl ein Problem …«, versuchte Racine zu vermitteln. Ludwig schüttelte unwillig seine Barthaare. »Ja, ja, sie macht sich ein Problem. Fakt ist: Wir müssen hier weg, der Schrottplatz wird aufgelöst und es entstehen Bürohäuser an dieser Stelle. Nicht mehr und nicht weniger. Wo soll das Problem sein?«

»Aber ich will hier nicht weg! Wie kannst du das so einfach gegen mich entscheiden!«

»Ich entscheide gar nichts, das ist höhere Gewalt. Ich kann ja auch nicht entscheiden, dass morgen die Sonne scheint. Ich kann nichts tun, wenn es regnet, außer zu Hause zu bleiben, wenn ich nicht nass werden will. Also finde dich endlich damit ab. Wir ziehen um!«

»Du hast gut reden, immerhin bist du eine geborene Wanderratte.«

»Und es ist das Ende unserer Spezies, wenn sie nicht anpassungsfähig und schnell ist. Aber du setzt wegen dem ganzen Schnickschnack, den du angehäuft hast, offenbar lieber dein Leben auf's Spiel, anstatt umzuziehen!«

»Ich will ja gar nicht nicht umziehen, ich habe mich noch nicht entschieden!«

»Da gibt es nichts zu entscheiden, es sei denn, du ziehst ernsthaft in Betracht, zu einem kleinen Würfel gepresst zu werden und mich zum Witwer zu machen!«

Der Humor ihres Vaters war wieder einmal grenzwertig. Was sollte nur Doc von ihm denken?

»Papa, du bist grausam!«, meinte Racine und stupste ihn in die Seite.

»Deine Mutter ist grausam, wenn sie mich zum Witwer macht. Sie ist einfach unflexibel und zögert eine Entscheidung immer weiter hinaus! Dabei haben wir jetzt die einmalige Gelegenheit auszuziehen und uns noch einmal zu verändern. Die Welt steht uns offen! Wir können überallhin! Ist das nicht herrlich?«

»Ich will nicht überallhin, mir gefällt es hier. Ich habe hier meine Heimat, meine Dinge, meine Handschuhe, meine Kronkorkensammlung. Hier gibt es einen Imbiss und um die Ecke hat ein neuer Bäcker aufgemacht. Hier leiden wir keinen Hunger.«

»Wie kann man nur so bequem sein!«

Wütend verzog sich Ludwig nach vorne auf den Fahrersitz. »Macht doch, was ihr wollt!«, meinte er sichtlich wütend.

»Ach Papa, sei nicht sauer!«

»Ich bin nicht sauer, ich bin nur temperamentvoll und brauche jetzt meine Ruhe.«

Über dem Lenkrad hing eine alte Lederjacke, in die er zusammen mit seinem Hähnchenschenkel hineinsprang und es sich gemütlich machte.

»Wollt ihr nicht auch was essen? Ich habe extra Currywurst mitgebracht – die gibt es in Paris sicher nicht.« Racine machte sich über einen der Pappteller her und verschlang den Zipfel der Currywurst zusammen mit der klebrig roten Soße. Ja, das hatte sie vermisst!

»Maman hat mir die Geschichte von Karl-Otto erzählt, das hätte schlimm enden können«, versuchte Racine die Unterhaltung wieder aufzunehmen. Ihr Vater kaute weiter und erwiderte: »Ja, mein Bruderherz Karl-Otto hätte fast sein Leben verloren. Er ist so stur! Schon als Kind hat er mit seiner Sturheit alles durchgesetzt, was er wollte. Wenn das nicht half, hat er so lange geschmollt, bis sich unsere Mutter erbarmt hat. Er hat schon immer seinen Willen auch gegen andere durchgesetzt. So auch dieses Mal. Aus Prinzip wollte er seinen grünen alten VW nicht räumen. ›Die können mich mal‹, sagte er immer wieder, ›die werden noch sehen, was sie davon haben!‹ Das waren seine Worte. Aber wen kümmert denn eine tote Ratte, auch wenn es eine liebevolle alte ist wie dein Patenonkel Karl-Otto? Vielleicht wollte er zum Märtyrer werden? Wer weiß. Er glaubte einfach im Recht zu sein und entschied sich, dafür sein Leben zu opfern«.

»Quatsch! Das war keine Entscheidung, das war pure Show!« Aufgeregt mischte sich Raclette ein. »Er wollte nur nicht von seiner Entscheidung: ›Ich verlasse mein Heim nie und nimmer‹, abweichen. Dazu war er einfach zu stolz und so blieb er im Wagen sitzen, als die Zähne des Krans ihn packten und nach oben zogen …«

»Armer Karl-Otto, er muss zum Schluss sehr gelitten haben!« Racine war den Tränen nahe.

»Er? Gelitten? Frag doch mal, wie die gelitten haben, die ihn gerettet haben!«, fuhr ihre Mutter fort.

»Gerettet? Heißt das, er lebt noch?«, fragte Racine.

»Und wie! Putzmunter, der überlebt uns alle noch!«

»Und wer hat ihn gerettet?«

»George und Barbie haben ihn rausgezogen. Dein Cousin George ist ja sonst nicht der Hellste und Schnellste, außerdem zögert er immer so lange, bis er endlich mal etwas anpackt. Aber dieses Mal, alle Achtung! Er hat keine Sekunde gezögert, hat seiner Schwester Barbie gesagt, was sie tun sollte, sodass die gar nicht zum Nachdenken kam. Beide sprangen zu Karl-Otto über die fehlende Tür in den Wagen. George hatte eine Schnurrolle in den Zähnen, er band die Schnur am Lenkrad fest, Barbie hat solange auf Karl-Otto eingeredet.«

»Was sie ihm im Falle einer Rettung versprochen hat, will ich gar nicht erst wissen!«, kommentierte Ludwig.

»Ach du schon wieder mit deiner Fantasie! Jedenfalls drohte sie ihm an, mit ihm zusammen zu sterben, falls er nicht sofort an der Schnur runterklettern und sich fallen lassen würde. Sie hat ihm noch einen letzten Schubs verpasst und ist gleich hinter ihm abgestiegen. Als George runterkletterte, war die Schnur schon zu kurz, der Kran hatte den Wagen schon in eine schwindelerregende Höhe gebracht, und so musste er sich die letzten Meter einfach fallen lassen. Ich sag dir, seit diesem Tag ist George der wahre Held vom Schrottplatz!«

»Und Karl-Otto, ist er inzwischen einsichtig?«, wollte Racine wissen.

»Ja, es scheint so. Er scheint wie ausgewechselt, aber ich trau dem Frieden noch nicht so ganz. Er wohnt jetzt am hinteren Ende des Schrottplatzes in einem alten Caravan. Er glaubt, dass die den als Letztes zusammenpressen, und will wohl Zeit schinden. Ihr müsst ihn unbedingt mal besuchen!« Raclette räumte die Reste des Essens zusammen und warf die Krümel aus dem Wagen.

»Und er schwingt schon wieder große Reden. Er erzählt jedem, der es wissen will oder auch nicht, dass man sich nicht zu schön sein darf, um eine einmal getroffene, falsche Entscheidung zu revidieren. ›Ich entscheide mich von Tag zu Tag neu‹ – lautet jetzt seine Devise«, beendete Papa die Geschichte und rollte sich nach dem Essen gemütlich ein.

»Warum zieht ihr eigentlich nicht zu meinem Bruder Fricassé?«, fragte Racine nach einer Weile, ohne zu ahnen, dass sie mit dieser Frage in ein Wespennest stach. Alle schwiegen. Raclette atmete schwer und antwortete schließlich:

»Er ist ja gleich nach dir ausgezogen, zu dieser Babette. Er wohnt jetzt am Bahnhof, eine unmögliche Gegend. Er hat einen ersten Wurf mit sechs Kindern. Tja, der weiß jetzt, was es heißt, eine Familie zu ernähren. Er ist ständig unterwegs und wir sehen ihn leider nur noch selten. Immerhin hat er sieben Mäuler zu stopfen! Du musst ihn jedenfalls unbedingt besuchen.«

Ihr Bruder hatte eine Familie! Nicht zu fassen. Er hatte nie den Eindruck gemacht, sesshaft werden zu wollen, sondern schien eher der lockere Wanderrattentyp zu sein. Er wohnte damals im Kofferraum und gegessen hatte er natürlich auch immer hier bei Mama. »Sein Zimmer hat er immer noch«, sagte Raclette, »da kannst du schlafen, wenn du willst. Oder Doc.«

»Ach, wir schlafen hier auf deinen Handschuhen, wenn du nichts dagegen hast. Da ist es am gemütlichsten.«

**Manche Dinge geschehen, ohne dass man Einfluss auf sie nehmen kann.**

Man kann zum Beispiel nicht entscheiden, ob es regnet, ob man sich verlieben wird oder ob das Gras wächst. Einige Tatsachen muss man als gegeben hinnehmen und dann eigene Entscheidungen treffen, um angemessen auf sie zu reagieren.

# Die Menschensyndrome

»Ich kann jetzt noch nicht an Schlaf denken, ich würde mir gerne noch ein bisschen die Beine vertreten. Kommst du mit, Racine?« Doc rieb sich seinen vollen Bauch und sprang aus dem Auto.

»Gute Idee, ich zeige dir den Schrottplatz«, Racine sprang hinterher. »Gute Nacht Mama, gute Nacht Papa, bis morgen früh!«, rief sie.

Dann lächelte sie Doc an: »Du hast mich gerettet! Ich halte so viel Familie nicht mehr aus! Erst freue ich mich, sie alle wiederzusehen, und dann gehen sie mir so schnell auf die Nerven! Dass sich Papa immer noch herumkommandieren läßt, ärgert mich. Und Mama macht das größte Theater und kann sich mal wieder nicht entscheiden!«

»Das kommt davon, wenn man zu lange zu gemütlich gelebt hat und seine Komfortzone nicht verlassen musste, weil man ständig Futter und alles, was man braucht, findet. Dann leiden selbst Ratten am Menschensyndrom Ersten Grades«, erklärte Doc.

Racine stellte ihre Ohren ganz auf, wie immer, wenn sie sich konzentrierte: »Menschensyndrom? Nie gehört! Was soll das sein?«

»Das bedeutet: Man kann sich nicht entscheiden, zögert und zaudert zu lange und wundert sich dann, dass einen die Katze frisst.«

»Aha. Interessant. Aber du hast recht, unsere Vorfahren waren schnell und geschickt, und wir, wir werden immer bequemer und langsamer. Das Einzige, was ich nicht verstehe«, fügte Racine mit einem Grinsen hinzu, »ist, dass Menschen so selten von Katzen gefressen werden. Aber vielleicht schmecken sie einfach nicht.«

»Du nimmst mich wohl nie ernst«, rief Doc vorwurfsvoll.

»Aber doch, ich nehme dich ernst. Im Ernst: Warum können Menschen sich so schlecht entscheiden?«

»Sie haben zu viele Möglichkeiten. Zum Beispiel müssen sie nicht genau das essen, was gerade da ist, denn sie können wählen zwischen Pizza, Nudeln, Kartoffeln, Schinken, Bananen.

Ich würde ja alles nehmen. Aber zu viele Möglichkeiten scheinen zu verunsichern.«

Racine sah ihn mit großen Augen an. Doc verstand das als Aufforderung, weiter zu erklären:

»Selbst früher im Labor konnten sich die Menschen oft nicht entscheiden, hinter welche Klappe sie unser Futter legen sollten. Es lag jeden Tag woanders, mal hinter der grünen, mal hinter der roten oder der gelben Klappe. Damit konnten sie uns schlaue Ratten natürlich nicht verunsichern, wir riechen den Braten! Und außerdem haben wir ein ausgezeichnetes Gehör. Du hättest mal die Diskussionen hören sollen, ewig fragten sie sich, hinter welche Klappe sie heute das Futter legen sollten, und bevor sie sich entscheiden konnten, war der Vormittag vorbei!«

»Ja«, überlegte Racine, »wir sind schlau und handeln schnell. Wenn wir diese Eigenschaften nicht hätten, würden wir keinen Tag überleben. Die Menschen könnten noch eine Menge von uns lernen, wenn sie dazu bereit wären.«

»Und gibt es auch ein Menschensyndrom Zweiten Grades?« wollte sie als Nächstes wissen.

Doc blieb stehen: »Ja, natürlich. Zweiten Grades heißt, sie treffen die falschen Entscheidungen! Viele Menschen entscheiden sich nach dem Motto ›Was-ich-hab-das-will-ich-nicht-und-was-ich-will-das-krieg-ich-nicht‹. Sie wollen immer das, was sie nicht haben können, und sind nie mit dem zufrieden, was sie haben.«

»Das klingt ja ganz schön verwirrend«, meinte Racine, »und wenn ich mir meine Eltern, besonders meine Mutter, so anschaue, bin ich mir ganz und gar nicht sicher, was unsere Rattenqualitäten wirklich taugen. Dass sie derart entscheidungsunfähig geworden ist, erschreckt mich und macht mir Angst. Und Papa, der schaut einfach nur zu und wartet ab! Es muss doch zumindest möglich sein, einige unserer Urinstinkte in ihnen wiederzuerwecken, oder?

Doc entgegnete: »Ich denke, du siehst das mit der Entscheidungsunfähigkeit ein bisschen zu schwarz. Dein Vater zum Beispiel hat sich doch eindeutig dafür entschieden, komme was wolle, zu deiner Mutter zu halten. Und deine Mutter hat immerhin schon einmal den Entschluss gefasst, nicht wie dein Patenonkel Karl-Otto in der Schrottpresse enden zu wollen. Manchmal trifft man eben auch Entscheidungen, die auf den ersten Blick gar nicht danach aussehen.

Aber Entschluss hin oder, ich gebe dir recht, dass das allein nicht genügt. Über kurz oder lang müssen deine Eltern hier weg und deshalb tun sie gut daran, sich so schnell wie möglich zu überlegen, was sie als Nächstes tun wollen.«

»Ach«, seufzte Racine als Antwort: »Warum werden einfache Dinge immer so kompliziert?«, und sie dachte: ›Was gibt es denn Leichteres als sich zu entscheiden? Ich tue es doch ständig, ohne darüber nachzudenken. Ich entscheide mich, morgens aufzustehen, entscheide mich, einen Spaziergang zu machen, auf eine Mauer zu springen oder Currywurst zu essen; das ist doch alles keine große Sache! Erst wenn man zu viel denkt, wird es kompliziert. Und das ist die eigentliche Menschenkrankheit. Wer hätte gedacht, dass auch Ratten von ihr befallen werden können? Aber ich werde meine Familie davon heilen!‹

Plötzlich kitzelte es Racine in der Nase und sie musste niesen. Dann schrie sie laut auf: »Nichts wie weg! Katzenalarm!«, und fing an zu rennen. ›Sehr praktisch‹, dachte Doc, ›eine Ratte mit eingebautem Katzendetektor.‹ Auch er rannte und versuchte, mit ihr Schritt zu halten.

»Wenn ich das hier überlebe, werde ich nur noch eins tun: mich auf einem weichen Kissen zusammenrollen und schlafen«, rief Racine, rannte weiter und gähnte dabei.

**Wir treffen ständig Entscheidungen, meist ohne uns ihrer bewusst zu sein.**

Wer glaubt, er sei vollkommen entscheidungsunfähig, der irrt sich: Man entscheidet sich ständig! Man entscheidet sich aufzustehen, die braunen statt der schwarzen Schuhe anzuziehen, keinen Schokoriegel zu essen …

# Frühstück zu viert

Ein lautes Krachen weckte Racine am nächsten Tag aus dem Schlaf. Sie erinnerte sich: Das laute Geräusch verursachte der Kran, der die Schrottwagen packte, hochhob und an einer anderen Stelle einfach fallen ließ. Mit diesem Krachen war sie groß geworden. Neu war das laute, knirschende Geräusch, das danach folgte. Racine sah, dass Doc bereits aufgestanden war. Sie entdeckte ihn draußen vor dem Auto und begrüßte ihn: »Na, gut geschlafen?«

Doc grinste sie an und antwortete: »Ja, aber ich habe nur vom Essen geträumt. Von Raclette und Fricassé – warum habt ihr eigentlich alle so komische essbare Namen?«

»Das ist eine lange Geschichte! Sie gehört zu den Traditionen meiner französischen Familie mütterlicherseits. Begonnen hat es mit meiner Großmutter Charlotte, sie hat ihre Tochter nach der Mahlzeit benannt, die sie am Abend vor der Geburt zu sich genommen hatte. Das scheint Raclette gewesen zu sein. Der Bruder meiner Mutter heißt Brioche, ihre jüngere Schwester Croissant. Diese Tradition führte meine Mutter fort. Anscheinend gab es am Abend vor meiner Geburt Petersilienwurzelgemüse und am Abend vor der Geburt meines Bruders Hühnerfrikasse. So einfach ist das.«

»Na«, kicherte Doc, »zum Glück hat sie vor deiner Geburt nicht Blutwurst gegessen, oder Rhabarberkompott oder Rollbraten oder Heringshappen. Stell dir vor, du würdest Heringshappen heißen!« Jetzt bekam er sich kaum mehr ein vor Lachen.

»Man kann sich seinen Namen eben nicht aussuchen, wohl aber seine Freunde oder sein Frühstück«, konterte Racine und rannte an ihm vorbei in Richtung Tor. Das Krachen kam näher. Sie blieb stehen. Der Kran war nur noch drei Reihen vom Auto ihrer Eltern entfernt, was bedeutete, dass der alte Citroën bald an der Reihe sein würde! Racine lief die pure Angst den Rücken hinunter und ihr Fell sträubte sich. Ihre Eltern hatten nur noch wenig Zeit, sich aus dem Staub zu machen, sonst würde der Kran sie greifen und … sie schaute der großen schwebenden Kralle hinterher … und sie in ein metallenes Becken werfen. Jetzt hörte sie das knirschende Geräusch erneut und sah, wie sich die Wände des Beckens aufeinander zubewegten. Von oben sauste ein Hammer herunter und an der Seite kam ein kleiner gepresster Schrottwürfel heraus. Das war's dann! Das wäre das Ende ihrer Eltern, wenn sie sich nicht bald entschieden, diesen Platz zu verlassen! Sehr bald.

Racine schüttelte die unangenehmen Gedanken für den Moment ab und konzentrierte sich auf die Suche nach einem Frühstück. Sie lief aus dem Tor und dann weiter bis zu einer Bäckerei am Ende der Straße. Dort versteckte sie sich hinter einer Werbetafel und beobachtete die Menschen, die aus dem Laden herauskamen. Wer könnte in seiner Tüte Croissants haben? Croissants, und vor allem Schokocroissants waren Racines Lieblingsfrühstück. Plötzlich bemerkte Racine, wie eine Frau die Bäckerei verließ. Mit der einen Hand telefonierte sie und in der anderen hielt sie eine große Tüte. Die Frau sah füllig und gemütlich aus und wirkte nicht so, als würde sie schnell laufen können. Sie schien außerdem genau der Menschentyp zu sein, der Angst vor Mäusen und erst recht vor Ratten hat. Racine sprang daher kurz entschlossen aus ihrem Versteck hervor und rannte direkt auf die Frau zu. Die Frau begann wie erwartet hysterisch zu schreien, blieb dann abrupt stehen, ließ vor Schreck ihre Tüte fallen und hastete in den Laden zurück. In der Zwischenzeit hatte sich Racine mit ihrer Beute hinter einem großen Blumentopf in Sicherheit gebracht und lief nun, die schwere Tüte hinter sich herziehend, zum Schrottplatz zurück.

Dort warteten ihr Vater und Doc schon auf sie.

»Das ist meine Tochter!«, rief Ludwig ihr entgegen. »Mutig und schnell. Raclette komm raus, Racine hat uns Frühstück besorgt!«

»Was gibt es denn?«, tönte die fragende Stimme von Racines Mutter aus dem Wageninneren.

Das wollte Racine selbst gerne wissen. Sie legte die Tüte hin und riss sie auf: »Zwei Brezeln, zwei Croissants, ein Schokocroissant, Letzteres ist für mich.«

»Raclette, meine Liebe, willst du lieber eine Brezel oder ein Croissant?«, fragte Ludwig seine Frau. »Ach, ich weiß nicht, vielleicht eine Brezel? Oder nein, warte, vielleicht doch lieber ein Croissant?«

»Diese Frau macht mich wahnsinnig mit ihrer Entscheidungsschwäche. Doc, greif zu! Ich nehme die Brezel.« Doc entschied sich ebenfalls für eine Brezel.

Raclette kam frisch geputzt zu den anderen und flötete: »Was nehm ich denn, was nehm ich denn?«

»Wer sich nicht entscheiden kann, nimmt das, was übrig bleibt. Wir haben uns für Brezeln entschieden und damit gleich für dich mit, denn jetzt sind nur noch Croissants übrig. Guten Appetit und einen schönen Morgen.«

Ludwig biss in die Brezel. »Lecker, das ist ja sogar eine Butterbrezel. Gut gemacht, meine Lieblingstochter!«

Racine stupste unterdessen Doc an: »Na, hast du heute Lust auf einen kleinen Stadtbummel?«

»Gerne, aber das Programm überlass ich dir, du bist doch hier zu Hause.«

»Ihr könntet ja nach dem Frühstück Onkel Leopold und Tante Josefine besuchen«, mischte sich Raclette ein und sagte zu Doc gewandt: »Sie wohnen gleich hier um die Ecke in einem schwarzen Mercedes Benz. Leopold ist eher der konservative Typ. Für mich kommt als Auto nur ein Franzose infrage.«

»Madame, Sie haben Stil, das habe ich gestern gleich zu Racine gesagt. Ein Citroën DS, was gibt es eleganteres hier auf diesem Schrottplatz …«

Bevor Doc noch mehr Süßholz raspeln konnte, fiel ihm Racine ins Wort: »Onkel und Tante müssen warten. Wir besuchen heute meinen Bruder Fricassé, aber zuerst gehen wir zu meiner alten Freundin Sissi.«

»Die Verrückte?«, fragte Raclette entsetzt. »Sie lebt im Zoo, im Löwengehege, das muss man sich mal vorstellen! Sie riskiert Kopf und Kragen, falls sie überhaupt noch lebt! Passt bloß auf euch auf!«

»Mama, übertreib doch nicht! Im Zoo wohnt es sich wunderbar, man lebt im Grünen und wird gefüttert. Warum zieht ihr eigentlich nicht dorthin?«

»Ich finde die Idee gar nicht mal so schlecht«, brummte Ludwig.

»Niemals, ich bin ja nicht lebensmüde!« Die Stimme von Raclette überschlug sich fast.

»Sieh mal an, du kannst dich also doch entscheiden!«, freute sich Racine.

Ihre Mutter entgegnete unwillig: »Immerhin weiß ich, was ich nicht will.«

»Aber wenn du dich nicht entscheidest hier wegzuziehen, entscheidest du dich dafür, dich zusammen mit deinem schönen Citroën zu einem Würfel pressen zu lassen!«, erwiderte Racine.

»Ich hätte nichts gegen den Zoo. Vielleicht eher bei den Eisbären, ich liebe Fisch, wie du weißt«, mischte sich Ludwig ins Gespräch ein.

»Ich werde Sissi fragen, ob im Zoo für euch irgendetwas frei ist«, versprach Racine.

»Dort kannst du aber alleine hinziehen, ich gehe hier nicht weg. Ich habe mich noch nicht entschieden, auszuziehen«, beharrte Raclette und ihr standen schon wieder Tränen in den Augen.

Bevor diese Diskussion sich weiter im Kreis drehte, beschloss Racine, sich auf den Weg zu machen. »Los Doc, auf geht's.« Sie verabschiedete sich von ihren Eltern und sprang davon. Doc beeilte sich, ihr zu folgen.

Raclette sah den beiden nach und seufzte: »Er ist eine Seele von Ratte. Und sie ist eine Schönheit … sie wäre eine so schöne Braut …« »Träum nur weiter!«, brummte Ludwig, »aber wenn du dich nicht bald entscheidest, mit mir umzuziehen, dann entscheidet die Schrottpresse für dich und du erlebst von niemandem irgendeine Hochzeit!« Ludwig hoffte, dass wenigstens dies ein Argument wäre, das seine Frau verstand.

**Wer sich nicht selbst entscheidet, für den entscheiden andere.**

Wenn man ein selbstbestimmtes Leben führen will, muss man sich entscheiden, ansonsten wird man fremdgesteuert.

# Im Zoo

Racine und Doc liefen auf einer kleinen Böschungsmauer am Kanal entlang. Racine war um einige Meter voraus. Plötzlich blieb Doc stehen und schaute sich um: »Racine, sind wir auf der Flucht oder im Urlaub? Warum hast du es eigentlich immer so eilig?«

Racine hielt an und rannte zu ihm zurück: »Du hast recht. Vielleicht renne ich so, weil ich so schnell wie möglich von zu Hause weg sein will. Je länger ich meine Eltern nicht gesehen habe, desto mehr bekomme ich den Eindruck, dass sie immer unselbstständiger werden. Sie geben allen möglichen Leuten oder den Umständen die Schuld an ihrer Situation und jammern ständig. Sie kommen mir so hilflos vor und ich habe dann immer das Gefühl, ihnen helfen zu müssen.«

Doc versuchte, sie zu beschwichtigen: »Die beiden schaffen ihr Leben doch auch ganz gut ohne dich. Sie sind alt genug, mach dir um sie mal keine Sorgen.«

Racine nickte: »Ich weiß ja. Aber dass sich Mama nicht entscheiden kann, hat mich früher schon ganz zappelig gemacht. Umso mehr freue ich mich jetzt auf Sissi, du wirst sie mögen!« Und schon rannte Racine wieder los.

Sie konnte es kaum erwarten, Sissi wiederzusehen. Sie waren miteinander aufgewachsen, hatten den erwachsenen Ratten Streiche gespielt, ihre Brüder geärgert und gemeinsam so viele Abenteuer erlebt. Racine war neugierig, wie Sissi jetzt lebte.

An Doc gewandt sagte sie eindringlich: »Bleib bitte ganz nah bei mir, wenn wir durch den Zoo laufen. Und friss bitte nichts! Vieles von dem Futter, das hier auf den Wegen liegt, sind vergiftete Ratten- oder Mäuseköder, hörst du?«

»Ja«, erwiderte Doc, »ich bin ja nicht taub!«

Racine drehte sich beruhigt um und lief weiter. Als sie sich jedoch nach kurzer Zeit noch einmal umschaute, war von ihrem Freund weit und breit nichts zu sehen. Erschrocken rannte sie ein Stück zurück und entdeckte ihn an einer Glasscheibe stehend, hinter der Pinguine schwammen.

»He!«, rief Racine, »Hast du noch nie einen Pinguin gesehen?«

»Nein, tatsächlich nicht«, antwortete er fasziniert, »die sehen ja aus wie Fische mit Beinen!«

»Los, Doc, komm schon weiter!«

An der nächsten Weggabelung orientierte sie sich einen Moment. Rechts ging es zum Raubtierhaus. Ja, genau dort musste Sissi wohnen!

Plötzlich kitzelte es Racine in der Nase und sie nieste laut. »Katzenalarm«, sagte sie laut und in diesem Moment sah sie sie auch schon: Neben ihr, zum Glück hinter Gittern, saß eine Riesenkatze, ein Leopard. Racine dachte: ›Da muss ich jetzt durch, ob ich will oder nicht!‹ Sie hielt die Luft an und rannte weiter, bis sie es nicht mehr aushielt.

Als Nächstes hörte sie ein tiefes Brüllen und nun wusste sie, dass sie angekommen war. Sie sprang auf die Mauer und schaute in das tiefer liegende Freigehege der Löwen. Hier irgendwo wohnte Sissi, zwischen den großen, aufgeschichteten Felsbrocken. Racine stieß einen Pfiff aus, zweimal kurz und einmal lang, der ihr nicht auf Anhieb gelang. Wie lange hatte sie nicht gepfiffen! Sie versuchte es ein zweites Mal und diesmal bekam sie als Antwort den Pfiff zweimal lang und einmal kurz. Sissi hatte also ihren gemeinsamen Erkennungspfiff nicht vergessen!

»Hallo Racine, komm rüber«, rief Sissi von einem flachen Felsvorsprung im Gehege aus, »einfach der Mauer nach bis zum Ende, dann über die Steine. Pass aber auf, dass du nicht in den Graben fällst.«

Doc war auf einmal ganz dicht hinter ihr, die Löwen schienen ihm gehörige Angst einzujagen. Dick und faul lagen sie unter ihnen und räkelten sich in der Sonne.

Racine machte sich beim Laufen ganz flach, um nicht als potenzielles Futter erkannt zu werden. Auf dem Terrassenstein angekommen, fielen sich Sissi und Racine in die Pfoten.

»Ich freue mich so, dich zu sehen!« Sissi tänzelte um Racine herum, »und gut siehst du aus, Paris scheint dir zu bekommen.«

»Sissi, ich habe meinen Freund Doc mitgebracht. Sissi – Doc, Doc – Sissi.«

»Setzt euch«, sagte Sissi. »Lasst euch die Sonne auf den Pelz scheinen und genießt die Aussicht.«

Doc versuchte sich mit etwas Konversation: »Du wohnst hier wirklich schön im Grünen, aber die Nachbarn!«

»Ja, und dahinter ist der Eingang zu meiner Höhlenwohnung! Alles vom Feinsten.«

»Aber hast du denn keine Angst vor den Löwen? Wenn die brüllen, bebt ja der ganze Zoo!« Doc ließ nicht locker.

»Löwen, die brüllen, beißen nicht! Ich betrachte sie als meine Wachhunde, denn hier traut sich sonst niemand rein, ich wohne hier sehr, sehr sicher. Und Angst? Angst ist nur ein Gefühl. Bevor man ins Löwengehege zieht, muss man sich entscheiden, keine Angst zu haben. Oder man entscheidet sich, Angst zu haben und bleibt draußen! Ich habe mich entschieden, keine Angst zu haben. Angst ist eine Frage der Entscheidung!«

Doc schaute Sissi mit einem Blick an, der zwischen Bewunderung und Unverständnis hin- und herschwankte.

»Also ich finde es hier wunderbar«, mischte sich Racine ein.

Sissi nickte: »Ein Zoo ist ein Paradies für Ratten. Zum einen habe ich dank der Menschen genügend Futter und zum anderen sind die Futternäpfe der Löwen immer reichlich gefüllt. Und das Beste, habt ihr das schon gesehen? Genau gegenüber ist ein Eisstand! Ich kann Eis essen sooft und so viel ich will!«

Ihre mutige Freundin Sissi! Racine war stolz, so eine Freundin zu haben.

Sissi sprach weiter: »Ich bin alleine und das glücklich. Ich habe mich gegen einen Rattenmann und vor allem gegen Junge entschieden, denn ich habe keine Lust auf eine Rattenbrut. Dann ist es mit der Freiheit vorbei! Andere können sich gerne vermehren, ich tu's nicht. Darum kommt mir keine Ratte ins Haus!«

Sissi war bereits früher immer direkt gewesen, sehr direkt, und sie hatte immer getan, was sie wollte. Vor allem *wusste* sie immer ganz genau, was sie wollte. Diese Eigenschaft hatte Racine schon immer an ihr bewundert.

»Diese Entscheidung hat natürlich ihre zwei Seiten«, Sissi schaute Racine und Doc an. »Auf der einen Seite bin ich frei und muss mich nach niemandem richten, auf der anderen Seite fühle ich mich oft allein. Aber man kann nicht alles haben in diesem kurzen Rattenleben. Apropos, habt ihr Hunger?«

Ohne eine Antwort abzuwarten, verschwand Sissi in ihrer Höhle.

»Und, hab ich dir zu viel versprochen?«, flüstert Racine Doc zu.

Er nickte heftig: »Sehr eindrucksvoll, deine Freundin!«

Wenig später kam Sissi zurück und kullerte eine große gelbe, süß riechende Frucht vor sich her.

»Das ist eine Mango, die habe ich aus dem Affengehege. Ihr müsst unbedingt probieren.« Während sie das saftige Fruchtfleisch genossen, sagte Sissi: »Ja, Futter gibt es hier in Hülle und Fülle. Und Katzen trauen sich nicht in die Nähe der Löwen. Es ist perfekt hier!«

Racine fiel plötzlich ein: »Ehe ich es vergesse: Meine Eltern müssen ihren Schrottplatz verlassen. Dort wird demnächst gebaut. Und jetzt wissen sie nicht, wohin. Meine Mutter macht ein riesiges Drama. Naja, ich dachte: Könnten sie nicht hier bei dir im Zoo unterkommen?«

»Grundsätzlich ja«, antwortete Sissi. »Sie müssen sich nur die Unterkunft selbst suchen. In den Gehegen gibt es zwischen den Steinen Höhlenwohnungen und manche Rattenfamilien wohnen auch im Gebüsch, aber ohne Dach über dem Kopf. Aber das Wichtigste ist: Man darf hier nicht ängstlich sein, was die anderen Tiere betrifft. Wer sich ängstlich verhält und bewegt, läuft Gefahr, als Zwischenmahlzeit zu enden. Wenn du meine Meinung hören willst: Für deinen Vater wäre das hier wunderbar, deine Mutter würde vor Angst sterben.« Sissi hatte wie immer recht.

Racine und Doc leckten sich den Saft der Mango aus ihren Barthaaren. »Diese Frucht ist köstlich! Du hast hier wirklich das große Los gezogen.«

»Und das war erst die Vorspeise! Als Hauptgang gibt es Rinderhüfte«, verkündete Sissi und sprang hinunter zu den Löwen.

»Hey, was macht sie denn jetzt?«, rief Doc überrascht und schaute ihr gebannt nach.

Sissi schlich sich von hinten an einen mächtig aussehenden Löwen und zog ihn kurz am Schwanz. Er hob seinen Kopf in ihre Richtung, öffnete sein imposantes Maul und schickte ein sanftes Brüllen in ihre Richtung. Dann legte er den Kopf wieder ab. Sie zog ein zweites Mal, dieses Mal kräftiger. Der Löwe hob erneut den Kopf in ihre Richtung, öffnete sein Maul und während er noch brüllte, war Sissi bereits an seinem Futternapf und stibitzte sich ein Stück Fleisch. Ehe sich der Löwe erheben konnte, lief sie mit ihrer Beute die Steine hinauf zu ihrer Terrasse. »Rohes Rindfleisch aus der Hüfte. Eine Delikatesse, bedient euch!«

Racine rief begeistert: »Sissi, ich bin so stolz auf dich! Du bist die mutigste Ratte, die ich kenne!«

»Ach, übertreib nicht«, schmunzelte Sissi. »Du weißt, ich liebe das Abenteuer. Und hier habe ich es jeden Tag. Morgen gehe ich zu den Krokodilen essen, die bekommen dienstags immer gekochte Eier. Am Mittwoch habe ich die Auswahl zwischen den Seelöwen, da steht frischer Fisch auf dem Speiseplan, und den Flamingos, die bekommen Garnelen und Paprika. Ich sag's euch: dieser Zoo ist ein Paradies für Ratten! Bleibt doch einfach hier!«

Racine schüttelte den Kopf: »Danke für das Angebot, aber wir müssen weiter. Wir schauen noch schnell bei Fricassé vorbei und werden dann schon wieder von meinen Eltern erwartet. Es war schön, dich zu sehen!« Bei der Umarmung verdrückten sich beide Rattendamen eine Träne.

Doc, der von der Löwennummer noch immer sichtlich beeindruckt war, drückte Sissi einen Handkuss auf die Pfote und stotterte: »Dddas war wirklich aaaußergewöhnlich …« Dann musste er sich beeilen, Racine einzuholen, die bereits auf der Mauer des Löwengeheges saß und ihm ungeduldig zuwinkte.

**Eine Entscheidung für das eine ist auch immer eine Entscheidung gegen das andere.**

In dem Moment, in dem man sich für eine Möglichkeit entscheidet, fallen oft andere Möglichkeiten weg. Die perfekte Entscheidung gibt es nicht, aber es gibt bessere und schlechtere Entscheidungen.

# Am Bahndamm

»Du hast ja wirklich interessante Freundinnen«, keuchte Doc, als er neben Racine herrannte.

»Ich wusste, dass sie dir gefällt. Sie ist etwas ganz Besonderes«, erwiderte Racine geschmeichelt.

»Und fast so verrückt wie du«, ergänzte Doc.

»Ist das eine Beleidigung oder ein Kompliment?« Racine blieb stehen: ›Rechts oder links, wo befand sich der Bahnhof?‹ Kurz entschlossen bog sie nach links ab.

»Bist du sicher, dass das der richtige Weg ist?«, fragte Doc.

»Sicher bin ich nicht, aber irgendwie muss ich mich doch entscheiden, sonst stehen wir morgen früh noch hier«, antwortete sie.

»Aber warum nicht rechts, was macht dich so sicher?«

»Ich hab's im Gefühl! Meine Schwanzspitze schlägt sachte nach links, also ist es links!«

Doc verdrehte die Augen: ›Rättinnen und ihre Gefühle‹, dachte er.

»Hier muss es sein!« Racine huschte hinter einem Imbisswagen ins Gebüsch. Am Bahndamm knapp vor den Gleisen ragte ein dickes Rohr aus dem Hang.

»Hier ist es, los, komm runter!«, rief sie ihm zu.

»Nun komm schon!«, rief sie erneut und stieß dabei einen Pfiff aus.

Nur einen Moment später lugte eine kleine Schnauze aus dem Rohr hervor, dahinter zwei große braune Augen und dann ein mächtiger Körper. »Schwesterherz! Was für eine Überraschung! Kinder, eure Tante Racine kommt uns besuchen!«

»Bruderherz Fricassé, schön, dich zu sehen! Du stehst aber gut im Futter. Das Familienleben scheint dir großartig zu bekommen.«

»Na, na, nicht zu frech, kleine Schwester! Ich bin eben gut gebaut, liegt am Training. Alles nur Muskeln!«

»Er trainiert Würste stemmen«, piepste es hinter ihm und eine kleine, freche Ratte krabbelte aus dem Rohr heraus. Hinter ihr folgten fünf weitere.

»Endlich lernst du deine Neffen und Nichten kennen: Das sind Ravioli, Canneloni, Linguini, Tortellini, Pizza und Frutti di Mare, sind sie nicht putzig?«

›Putzig?!‹ Racine schüttelte sich innerlich, ›wie kann man sein Kind Meeresfrüchte nennen? Sechs Junge – welch ein Albtraum!‹

Laut erwiderte sie: »Mein Bruder als Familienvater, daran muss ich mich erst noch gewöhnen!«

»Ja«, entgegnete Fricassé, »und wann fängst du mit der Familienplanung an?«

»In diesem Jahr sicher noch nicht«, wurde ihr schlagartig klar. So nicht! Das wäre nicht ihre Form von Leben.

»Das kann man sich nicht aussuchen, plötzlich sind sie da, die süßen Kleinen«, flötete eine weitere Stimme aus der Röhre. »Hallo Racine, ich bin Babette, Fricassés Frau.« Babette war genau wie Fricassé eine ausgesprochen wohlgenährte Ratte.

»Eure Kinder sind wirklich süß, aber ich glaube, das wäre nichts für mich«, versuchte Racine, etwas Nettes zu sagen.

Zwei der Kleinen hängten sich an ihre Mutter, eins biss ihr in den Schwanz und piepste:

»Wir wollen ein Eis, du hast uns Eis versprochen!«

»Ja, meine Süßen, ihr sollt euer Eis haben, lasst uns losgehen! In einer Reihe. Ravioli am Schluss!«

»Immer ich, das nervt, warum muss immer ich der Letzte sein?«, maulte Ravioli.

»Weil du der Älteste bist!«

»Und ich mache das Schlusslicht«, meldete sich Doc zu Wort. Ravioli strahlte ihn an und Racine schaute verständnislos.

»Dann geht mal ruhig Eis essen«, sagte sie. Eigentlich war sie gar nicht unglücklich über die Gelegenheit, mit ihrem Bruder alleine zu sein. Nachdem die Rattenschar hinter dem Hang verschwunden war, nahm sie sich Fricassé vor:

»Ist das das Leben, das du führen wolltest? Wolltest du früher nicht mal zur See fahren?«

Er brummte unwillig: »Ja schon, aber dann habe ich Babette kennengelernt und ehe ichs mich versah, war sie schwanger. Da gab es nichts mehr zu entscheiden. Ich konnte doch gar nicht anders! Eigentlich hat sie für mich entschieden. Außerdem, zur See fahren kann ich ja immer noch, wenn die Kleinen groß sind.«

»Aber findest du es richtig, dein Leben einfach so auf später zu verschieben? Erst müssen die Kinder groß sein, als Nächstes kommen die Enkel, und dann ...« Racine redete sich in Rage: »Das kann ja ewig so weitergehen und eines Tages stehst du da und merkst, dass du dir keinen einzigen deiner Träume und Wünsche erfüllt hast!«

»Hey, was willst du?«, verteidigte sich Fricassé. »Mir geht es gut! Ich weiß, wohin ich gehöre. Hier gibt es Futter im Überfluss und einen Imbiss gleich gegenüber. Unsere Jungen haben ihre Freunde am Bahndamm. In der Gegend wohnen viele junge Rattenfamilien. Gut, vielleicht ist es ein bisschen laut durch die Züge, aber ansonsten doch ganz annehmbar.«

»Annehmbar?«, ereiferte sich Racine. »Ja, das ist typisch für dich! So warst du schon immer! Hauptsache, du kannst den Weg des geringsten Widerstands gehen, immer schön die bequeme Tour.«

»Also, so bequem ist es mit einer siebenköpfigen Rattenbande auch wieder nicht«, murmelte Fricassé beschwichtigend. »Außerdem hat es sich jetzt nun einmal so ergeben, dass ich nicht mehr nur für mich alleine verantwortlich bin. Wenn ich noch unabhängig wäre, sähe das vielleicht anders aus …«

»Aber hast du nicht manchmal Angst, du wirst es eines Tages bereuen, dass äußere Umstände über dein Leben entschieden haben?«, bohrte Racine weiter.

»Ach Schwesterherz, zerbrich dir mal über mein Leben nicht den Kopf! Sag mir lieber, wann du vorhast, sesshaft zu werden und eine Familie zu gründen? In deinem Alter wird das doch so langsam mal Zeit.«

»Ich habe das überhaupt nicht vor«, entgegnete Racine barsch.

»Was macht dich so sicher?«

Racine überlegte: »Ich habe das einfach im Gefühl, dass das nichts für mich ist, jedenfalls jetzt noch nicht. Ich entscheide immer aus dem Bauch heraus. Nach Paris zu gehen war so eine Entscheidung. Es war zwar manchmal ganz schön gefährlich, aber ich wollte etwas von der Welt sehen. Wenn ich gezögert hätte, wäre ich nie dorthin gekommen und wüsste zum Beispiel bis heute nicht, wie köstlich ein Mousse-au-Chocolat-Soufflé schmeckt«, grinste sie versonnen. »Ich habe wohl die Wandergene unseres Vaters geerbt … Womit wir beim Thema sind:

Können Papa und Mama nicht in eurer Nähe wohnen? Du weißt, sie müssen umziehen.«

»Bitte nicht!« Fricassé rollte mit den Augen. »Das würde mir noch fehlen, täglich meine Mutter zu sehen. Sie redet Babette in die Kindererziehung rein, jedes Mal gibt es Diskussionen, wenn sie zu Besuch kommen: ›Eure Kinder grüßen nicht, eure Kinder sagen nicht Bitte und nicht Danke, eure Kinder könnten mal etwas höflicher sein.‹ Und wenn sie endlich weg ist, streiten wir. Babette ist danach immer fix und fertig. Nein, das ertrage ich nicht täglich!«

»War wohl keine so gute Idee von mir, aber ich möchte ihnen so gerne helfen, eine neue Bleibe zu finden«, erklärte Racine.

»Meinst du nicht, dass die beiden alt genug sind, um für sich selbst zu sorgen? Sie werden sicher eine Lösung finden. Trau ihnen einfach mal was zu, anstatt dich in ihre Angelegenheiten einzumischen!«

»Vielleicht hast du recht«, überlegte Racine, und Fricassé fuhr rechthaberisch fort: »Wir mischen uns ja auch nicht in dein Leben ein und suchen dir endlich mal einen Ehemann!«

»Ja, Gott sei dank tut ihr das nicht!«, fiel Racine ihrem Bruder jetzt wütend ins Wort, »sonst wäre es nämlich genauso fremdbestimmt wie eures!«

»Wie du meinst«, raunzte Fricassé, »ich habe jetzt Hunger.«

Und schon war er weg, lief die Böschung hinauf und Racine saß ganz alleine da. ›Ich habe mir meine Heimkehr irgendwie anders vorgestellt‹, dachte sie, ›aber wie, das weiß ich jetzt auch nicht mehr.‹

**Das Gefühl hat schon längst eine Entscheidung getroffen, während der Verstand noch abwägt.**

Manchmal ist es besser, auf sein Bauchgefühl zu hören, auch wenn es der unbequemere Weg zu sein scheint: Die Entscheidung für den unbequemen Weg kann viele unerwartete Überraschungen bereithalten und am Ende ein großer Gewinn sein.

# Zu Besuch im schwarzen Mercedes

Erschöpft kamen Racine und Doc zum Schrottplatz zurück.

Im Vorbeigehen bemerkten sie einen Würfel aus Schrott. Es war deutlich sichtbar, dass der Wagen einmal grün gewesen sein musste. Vor dem Würfel lag ein verwelktes Löwenzahnsträußchen. Das musste er sein: der alte VW seines Patenonkels Karl-Otto. Irgendwie bewunderte sie seinen Mut, einfach sitzen zu bleiben und dem Tod ins Auge zu sehen. »Wie mutig er war, einfach im Auto zu bleiben«, sagte Racine zu Doc. »Sprichst du von deinem Onkel, der Kamikaze-Ratte, die sich fast in diesem Schrottwürfel umgebracht hätte?«, antwortete Doc. »Das ist für mich kein Mut, sondern Dummheit, gepaart mit Sturheit. Wie degeneriert sind Ratten eigentlich inzwischen? Wir sind eine Spezies, die unter allen Umständen überleben will und kann! Wir sind schnell, schlau und anpassungsfähig! Aber wir werden immer bequemer und unflexibler.«

›Er hat ja recht‹, dachte Racine, ›aber er kann ganz schön herzlos sein.‹

»In diesem Labor konnten uns die Menschen jahrelang zuschauen, wie man sich schnell entscheidet«, sprach Doc weiter: »Sie schauten uns dabei zu, wie wir auf rote und grüne Knöpfe drückten. Und sie waren jedes Mal davon fasziniert, wie schnell wir uns entscheiden konnten, auf welchen Knopf wir drücken wollten. Sie versuchten uns auch zu verwirren, indem sie uns vorher durch lange Labyrinthe laufen ließen und die Farbe der Knöpfe änderten. Aber unsere Schnelligkeit und unsere Entscheidungsfreude hat sie immer wieder beeindruckt.«

Racine rollte mit den Augen: ›Ach, jetzt kommt er wieder mit seinen alten Geschichten!‹

Doc fuhr in seinem Vortrag fort: »Ich glaube nur, dass die Menschen nicht wirklich etwas von uns gelernt haben, sie sind einfach schlecht lernfähig, das liegt in ihrer Natur. Und je länger wir mit den Menschen zusammenleben, desto mehr scheinen wir uns ihnen anzupassen. Dabei sind wir doch in der Mehrheit!« Doc bemerkte plötzlich, dass Racine nicht dem Weg zum Citroën ihrer Eltern eingeschlagen hatte, und stutzte: »Wo rennen wir eigentlich hin? Zu deinen Eltern hätten wir an dem Laternenpfahl links abbiegen müssen …«

»Lass dich einfach überraschen und komm jetzt!«, erwiderte sie.

Racine sprang in einen schwarzen Mercedes 190 mit einem Taxischild auf dem Dach. Daraus ertönte eine Stimme: »Racine, mein kleiner Liebling, wie schön, dich zu sehen!« Racine umarmte ihre Tante, die weitersprach: »Lass dich anschauen, du bist eine Schönheit geworden! Und wer ist das?«

Tante Josefine musterte Doc und warf Racine verstohlene Blicke zu. Racine versuchte, sie zu ignorieren, und erklärte: »Darf ich vorstellen, das ist Doc, ein Freund von mir. Doc, meine Tante Josefine.«

»Immer noch die alte, widerspenstige Racine«, Tante Josefine lächelte sie vielsagend an.

»Hallo Onkel Leopold«, begrüßte Racine den Bruder ihres Vaters, der oben auf dem Armaturenbrett mitten auf einer zerknautschten Lederjacke, umgeben von Bierdosen, lag. »Hallo meine Lieblingsnichte, hallo Doc, hört nicht auf meine Frau. Kommt rauf, legt euch zu mir und nehmt euch von meinem Bier.« An seinem Hobby, leere Bierdosen aufzusammeln und die Reste auszutrinken, schien sich nichts geändert zu haben.

»Ich mag noch immer kein Bier« lehnte Racine dankend ab, »aber wenn du einen Eierlikör hättest, du weißt, ich sterbe für Eierlikör …« »Racine, komm, setz dich zu mir«, rief Tante Josefine vom Rücksitz, »es ist so schön, dass du wieder nach Hause gekommen bist. Jetzt bleibst du doch sicher! Das kannst du deiner Mutter nicht noch einmal antun. Dass du weggegangen bist, hat ihr damals das Herz gebrochen!«

Bevor Racine kontern konnte, dass sie alt genug sei, ihr eigenes Leben zu führen und dass Kinder immer irgendwann von zu Hause ausziehen, redete ihre Tante, scheinbar ohne Luft zu holen, weiter:

»Ich muss dir was erzählen! Hast du schon gehört, dass wir umziehen müssen? Kannst du dir das vorstellen! Ich und umziehen! Mit meinen vielen schönen Sachen!«

Racine ließ ihren Blick durch den Wagen schweifen. Welch ein Chaos! Ihre Tante war noch schlimmer als Raclette. Sie sammelte einfach alles: Auf der Hutablage lagen lauter alte Hüte, dazwischen ein Stapel Landkarten. Vor den Fensterscheiben hingen bunte Tücher, auf den Sitzen türmten sich Pullover und andere Kleidungsstücke. Am inneren Rückspiegel waren mindestens hundert Wunderbäume befestigt.

Tante Josefine bemerkte ihren Blick und erklärte:

»Sobald ein neues Auto auf den Schrottplatz kommt, bin ich die Erste, die die noch brauchbaren Dinge daraus rettet. Und schau dir an, was ich für Schätze gefunden habe: Noch wunderbare Hüte, wohlriechende Wunderbäume, halb volle Flaschen; das ist doch alles zu schade, um es wegzuwerfen!«

›Kein Wunder, dass sie sich so gegen einen Umzug wehrt‹, dachte Racine, ›sie kann sich von ihren Schätzen einfach nicht trennen. Ich werde wohl nie begreifen, wozu Ratten Landkarten, Hüte und Wunderbäume brauchen.‹

»Und nun stell dir vor«, setzte Tante Josefine ihren Redeschwall fort: »Wir haben schon eine neue Bleibe gefunden, einen Steinwurf von hier! Gleich unten am Wasser liegt ein Schiff, die Menschen leben darin und nennen es Hausboot, da es nicht fährt. Ich habe mir letztens die Räumlichkeiten angesehen und ich sage dir: Ein Traum! Eine Dachterrasse, jede Menge Nischen, ein Zimmer nur mit Kissen möbliert. Keine Rattenfallen! Alles neu renoviert, mit einer riesigen Küche, einem extra Vorratsraum, voll gefüllt. Der Hausherr ist selten zu Hause, aber wenn er kocht, hat er ein Faible für französische Küche. Und das Beste: Der Müll wird nur alle zwei Wochen abgeholt, wir werden also niemals hungern! Ich habe deiner Mutter schon angeboten mitzukommen, Platz ist da sicher für uns alle. Ich weiß nur noch nicht so genau, wohin mit all meinen Sachen. Die kann ich unmöglich hier lassen ...« Josefine sprudelte wie ein Springbrunnen weiter.

»Aber mitnehmen kannst du sie auch nicht!«, unterbrach sie Onkel Leopold, was ihm einen wütenden Blick seiner Frau einbrachte.

»Und was machen Barbie und George? Sind sie inzwischen ausgezogen?«, fragte Racine, bevor Tante Josefine ihren Monolog wieder aufnehmen konnte. Jetzt schwieg sie.

Onkel Leopold stöhnte: »Die beiden sind mehr als erwachsen, aber die werden wir wohl niemals los! Denen geht es bei uns viel zu gut. Josefine verwöhnt sie auch nach Strich und Faden! Barbie hat jede Menge Verehrer, aber keiner scheint ihr zu gefallen. Und George interessiert sich mehr fürs Kochen und Dekorieren als für Frauen. Ich weiß nicht, was wir bei ihm falsch gemacht haben!«

»Sei still!«, zischte ihn Tante Josefine an, »wir haben wunderbare Kinder.«

»Tante?«, versuchte Racine von diesem Thema abzulenken, »Was machst du denn jetzt eigentlich mit den vielen Sachen? Du hast doch nicht etwa wirklich vor, das ganze Zeug mitzunehmen? Diese Duftbäume, die Sammlung von Landkarten, wozu brauchst du das?«

»Das frage ich sie ständig!«, pflichtete Onkel Leopold ihr bei, »eine Ratte braucht nichts, rein gar nichts!«

»Ihr verlangt doch nicht im Ernst von mir, dass ich meine Sachen hierlassen soll? Wie soll das denn gehen? Ich finde alles so schön! Außerdem hat es Jahre gedauert, diese wundervollen Dinge zusammenzutragen!«, jammerte Tante Josefine.

»Wie wäre es denn, wenn du etwas entrümpeln würdest?«, schlug Racine vor.

»Und wie macht man das?«

»Du kannst dich bei jedem Gegenstand zum Beispiel fragen: Brauche ich das wirklich? Oder: Erleichtert es mein Leben? Oder: Macht es mich glücklich?«

Tante Josefine überlegte kurz: »Nein, ich brauche es nicht und mein Leben erleichtert es auch nicht. Aber es macht mich glücklich, so viel zu besitzen! Ich will mich nicht davon trennen. Lieber bleibe ich hier!«

»Willst du mit anderen Worten sagen, dass dir deine Sachen wichtiger sind als euer Leben?«, fragte Racine ungläubig.

Daraufhin schwieg Tante Josefine nachdenklich.

In diesem Moment kam Barbie ins Auto gesprungen.

»Ich habe euch belauscht! Bei mir reicht eine Frage: Ist es pink?«

Barbie sah noch dünner aus als vor einem Jahr. Sie hatte ausgesprochen dünne Rattenbeine, trug eine rosafarbene Blüte hinter dem linken Ohr und hatte sich eine rosafarbene Schleife um den Hals gebunden.

»Hallo Racine, meine Lieblingscousine! Ich bin ganz deiner Meinung, Mama hat zu viel Gerümpel. Aber mir glaubt sie ja nicht!«

»Wo ist denn dein Bruderherz, der Held des Schrottplatzes und Retter meines Patenonkels?«, fragte Racine.

»Ach der, den kriegt man aus seinem Kofferraum kaum heraus! Den musst du schon dort besuchen, falls du ihn sehen willst«, Barbie verdrehte die Augen, »der kommt nur zum Essen raus, wenn es ihm hier serviert wird!«

»Na dann überraschen wir ihn mal in seinem Reich«, schlug Racine vor, »Doc, kommst du mit?«

»Natürlich!« Doc sprang vom Armaturenbrett auf den Sitz und zusammen mit Barbie machten sie sich auf den Weg nach draußen.

**Die Entscheidung, einen neuen Weg zu gehen, kann auch unangenehme Konsequenzen nach sich ziehen. Dann braucht es Mut und Tatkraft!**

Um eine Entscheidung genießen und sich voll und ganz auf etwas Neues einlassen zu können, muss man sich oft von alten Gewohnheiten trennen und Ballast abwerfen.

# Bei George und Barbie im Kofferraum

Barbie blieb unter dem Kofferraum stehen und stieß einen grellen Pfiff aus. Nichts passierte. Sie pfiff immer und immer wieder, bis sich endlich der Kofferraumdeckel ein wenig hob und sich eine kleine Schnauze vorsichtig ins Freie reckte.

»George, schau mal, wen ich hier mitgebracht habe!«, rief Barbie und sprang auf den Kotflügel. Racine und Doc sprangen hinterher.

George öffnete den Kofferraumdeckel und gesellte sich zu seinen Besuchern.

»Was für eine nette Überraschung! Meine alte Cousine Racine!«

George war so schön wie immer. Sein schokobraunes Fell glänzte in der Sonne. Seine großen, schwarzen Augen blitzten frech. Allerdings schien er ein wenig pummlig für sein Alter, dachte Racine, behielt diese Beobachtung jedoch für sich.

»Lass dich ansehen! Gut siehst du aus! So ein klein wenig Speck auf den Rippen steht dir gut!«

»Du aber auch«, entgegnete George.

Racine hatte jedoch eher den Eindruck, dass er sich viel mehr für Doc interessierte. »Und wen hast du da mitgebracht?«, fragte George neugierig.

»Das ist mein Freund Doc ...«

»Ich bin Wissenschaftler und untersuche das Verhalten der Menschen«, antwortete Doc und reichte ihm die Pfote. »Enchanté, Monsieur«, flötete George.

»Willst du deinen Besuch nicht mal reinbitten?«, unterbrach Barbie die Begrüßung und sprang in den Kofferraum, ohne zu fragen. »Ich wohne hier ja schließlich auch, obwohl du den meisten Platz wegnimmst!«

Im Kofferraum lag ein pinkfarbener Kunststoffkoffer, der Barbie gehörte. »Ja, in diesem Koffer wohne ich, und der Rest wird von George belagert«, erklärte Barbie und fuhr fort: »Und seinen Sammeltrieb hat er wohl von unserer Mutter geerbt.«

Racine schaute sich um. Was für ein Durcheinander! In einer Ecke stapelten sich Kosmetika und Spiegelscherben, in einer anderen Ecke alte Modezeitschriften, daneben lagen alte Stiefel und jede Menge Chipstüten.

»Ja, schaut euch um. Hier befindet sich mein Bad, daneben meine Bibliothek. In den fellgefütterten Stiefeln schlafe ich und gleich daneben ist die Küche«, erklärte George. »Ein bisschen eng, aber es geht.«

»Und du ziehst zusammen mit deinen Eltern auf dieses Schiff?«, fragte ihn Racine.

»Ja, ich muss wohl. Ich wäre ja lieber in ein Loft in die Stadt gezogen, aber meiner Mutter würde es das Herz brechen, wenn ich nicht mitkäme. Sie hängt so sehr an mir, was soll man da machen?«

Doc fragte ihn ungläubig: »Du gehst bloß mit deinen Eltern mit, weil deine Mutter es so will?«

»Allerdings. Aber von der Schiffsidee bin ich gar nicht begeistert. Zum einen werde ich schnell seekrank und zum anderen kann ich nicht schwimmen.«

George war schon immer bequem gewesen, erinnerte sich Racine, und er hasste Veränderungen.

»Warum suchst du dir denn nicht einfach eine Bleibe in der Nähe des Hausbootes?«, fragte sie ihn.

»Nein, nein, wozu einen derartigen Aufwand betreiben? Der ganze Umzug wird so oder so schon anstrengend genug.«

Darauf erwiderte Racine entnervt und mit einem leicht gereizten Unterton: »Tja, dann musst du eben schwimmen lernen.«

George seufzte: »Ich verstehe nicht, warum wir ausziehen müssen. Wir wohnen hier zentral, nicht so abgelegen wie auf diesem Hausboot. Vielleicht bleibe ich einfach hier …«

»Rede keinen Blödsinn! Du würdest nie hierbleiben. Zum einen weißt du, dass das viel zu gefährlich ist, und zum anderen hängst du doch immer noch an Mamas Schwanzzipfel!«, mischte sich Barbie ein.

»Das musst du gerade sagen! Wo ist denn *dein* eigenes Leben?«, gab George zurück.

»Ich weiß es noch nicht, ich kann mich eben nicht entscheiden. Ich weiß meistens nicht, was ich will, aber ich weiß immer ganz genau, was ich *nicht* will. Und ich weiß, was ich nicht tun werde: Ich werde ganz sicher nicht mit euch auf dieses Hausboot ziehen!«

Racine hatte es sich in der Stiefelecke bequem gemacht und beobachtete die beiden Geschwister bei ihrem Streit. Barbie kam richtig in Fahrt: »Und ich will auch kein Loft, und ich will auch keinen Mann!«

»Was willst du dann?«, fragte Racine.

»Ich weiß es nicht, ich habe nur so ein Gefühl. Es fühlt sich irgendwie pink an«, Barbies Stimme wurde immer leiser.

»Ein Gefühl ist doch schon mal gut. Hast du auch ein Bild? Wo ist denn dieses Pink?«

»Ich habe kein Bild, nur so ein rosarotes Gefühl. Und einen Geruch in der Nase, es riecht nach warmem Zucker. Und ich höre Musik, einen Leierkasten.« Barbie schien mit ihren Gedanken in weiter Ferne zu sein.

»Was du erzählst, erinnert mich an Zuckerwatte und Jahrmarkt«, stellte Racine fest. »Dort ist fast alles pink, die Zuckerwatte, die Pfefferminzblöcke, die Lebkuchenherzen. An den Lossständen gibt es pinkfarbene Kuscheltiere und Puppen mit pinkfarbenen Tüllkleidern.«

»Racine, du bist genial! Du hast recht! Mein Gefühl fühlt sich wie Jahrmarkt an. Rosafarbene Zuckerwatte schon zum Frühstück, das wäre ein Traum! Im Tüll dieser Puppen zu schlafen, das wäre wundervoll!« Barbie war plötzlich ganz aufgewühlt und begeistert.

»Nächste Woche ist wieder Volksfest, ein guter Termin, um auszuziehen. Ich könnte mir in Ruhe einen Platz in einem dieser Wohnwagen aussuchen und dann von einem Ort zum anderen ziehen. Und die Zuckerwatte zieht immer mit. Ist das nicht großartig?«

»Ja Schwesterherz, ich gratuliere dir zu deinen Plänen! Vielleicht ziehe ich ja auch aus, vielleicht fällt mir ja auch noch was ein, was meint ihr?« Er schaute Racine und vor allem Doc an.

»Bist du wirklich an meiner ehrlichen Meinung interessiert?«, fragte Racine. »Es könnte aber sein, dass sie dir nicht gefällt«.

»Lass hören, ich halte das schon aus!« George schien sich wirklich für Racines Meinung zu interessieren.

»Wir kennen uns, seitdem wir Kinder sind, und du warst schon immer der Mutigere von uns beiden. Jedenfalls immer, wenn es um irgendwelche dummen Streiche oder gefährlichen Abenteuer ging. Ich habe dich immer bewundert, und ich bewundere auch heute noch deinen Mut. Du hast Karl-Otto das Leben gerettet! Respekt«, Racine machte eine kleine Pause. »Aber was dein eigenes Leben betrifft, verlässt dich der Mut. Du hast Angst vor Verlust und Veränderungen. Du versteckst dich und hängst dich an die Entscheidungen deiner Mutter, auch wenn sie dir nicht zu gefallen scheinen. Aber das ist für dich der bequeme Weg. Du weigerst dich, erwachsen zu werden, denn nur Erwachsene können auch eigene Entscheidungen treffen. Wie lange willst du dich noch an den Schwanzzipfel deiner Mutter hängen? Erwachsene Ratten treffen eigene Entscheidungen und machen eigene Fehler! Werde erwachsen und vor allen Dingen: Gönn deinen Eltern ihr eigenes Leben! Die wollen sich doch auch nicht ständig nur um dich kümmern!«

»Vielleicht hast du ja recht ...« räumte George ein, »und ich nerve mit meiner Unfähigkeit, mich zu entscheiden, meine Mitratten«.

»Das wäre nicht mal das Schlimmste«, fuhr Racine fort, »aber solange du nicht deine eigenen Entscheidungen triffst, lebst du auch nicht dein eigenes Leben. Du hängst dich an das Leben anderer, das deiner Schwester, das deiner Eltern, und verpasst dabei das Beste«.

Doc wurde langsam ungeduldig und auch Racine wusste, dass ihre Eltern auf sie warteten.

»Tief in dir drin bist du die mutigste Ratte, die ich kenne. Und du wirst den Mut finden, dein eigenes Leben zu leben. Lass mich irgendwann wissen, wo das sein wird. Wir kommen dich besuchen!«

Racine sprang auf: »Aber jetzt müssen wir gehen, meine Eltern warten auf uns. Komm, Doc!« Die beiden sprangen mit einem Satz auf den Kotflügel und von dort auf den Boden.

Als sie ein Stück gelaufen waren, sagte Doc zu Racine: »George wird wohl nie ausziehen, oder? Es sei denn, er findet eine Frau, die ihn da rausholt!«

»Doc, nun tu nicht so! Hast du nicht gemerkt, wie er dich ständig angestarrt hat?«

»Ach Quatsch!«

»Nichts Quatsch, er lebt sein Leben nicht. Aber er würde mit dir mitkommen, wenn du ihn mitnehmen würdest!« Racine klang wenig begeistert.

Doc lächelte Racine schelmisch an: »Glaubst du wirklich, ich hätte Chancen bei ihm?« Er blieb stehen und drehte sich hin und her. »Ich kann ihn ja verstehen, so wie ich aussehe, mit meinem zweifach gebrochenen Schwanz, meinem halben Ohr und nicht zu vergessen meinen Narben …«

**Zu wissen, was man nicht will, ist der erste Schritt zu einer Entscheidung.**

Auch wenn es auf den ersten Blick nicht so aussieht und zu keinem Ziel zu führen scheint: Ein klares: »NEIN, *das* möchte ich auf keinen Fall«, kann einen Entscheidungsprozess beschleunigen und eine klare Entscheidung für etwas ermöglichen.

# Wieder zu Hause

Racine rief Doc zu:

»Los, etwas schneller! Papa und Mama erwarten uns sicher schon lange«, sie hatte es plötzlich eilig, wieder zu ihren Eltern zu kommen. Schon von Weitem sah sie Ludwig vor dem Citroën auf einem alten Reifen sitzen.

Racine schaute zu ihrer Mutter ins Auto. »Mama, ich soll dich von Fricassé grüßen, wir haben ihn und seine Familie besucht.«

Raclette wühlte im Innern nach etwas.

»Was suchst du denn?«

»Ich dachte, ich hätte irgendwo noch eine Dose Erdnüsse. Aber ich kann sie nirgends finden.«

»Komm, lass die Erdnüsse. Ich habe dir so viel zu erzählen!«, platzte es aus Racine heraus.

»Wir waren bei Sissi im Zoo, da sind einige Behausungen frei. Du könntest also tatsächlich in den Zoo ziehen! Dann waren wir bei Fricassé am Bahndamm, auch dort wäre Platz für euch, obwohl ...«

»Ach Racine, jetzt hör damit auf! Jeder bedrängt mich! Dein Vater will, dass ich mich mit ihm auf die Wanderschaft begebe, Fricassé denkt offenbar, dass ich in seine

Nähe ziehe, um auf seine verzogenen Kinder aufzupassen, Leopold und Josefine versuchen uns zu überreden, mit ihnen zusammen auf dieses Boot zu ziehen. Und jetzt kommst du noch mit dem Zoo! Wie auch immer ich mich entscheide, verletze ich einen von euch! Das ist mir zu viel! Ich will nicht weg, ich will hierbleiben, hier ist es schön! Aber hier ende ich bald in einem Schrottwürfel …« Sie brach in Tränen aus.

»Oh, Mama, nicht weinen!« Racine nahm ihre Mutter in den Arm. »Alles wird gut! Und du hast recht! Alle bedrängen dich, und jetzt komme auch noch ich dazu. Das wollte ich nicht! Entscheide du, was für dich richtig ist. Du kannst es sowieso nicht allen recht machen. Irgendjemand wird immer beleidigt oder gekränkt sein. Aber du kannst es dir selbst recht machen! Es ist dein Leben, du brauchst keine Rücksicht auf die anderen zu nehmen.«

»Du hast leicht reden, du hast schon immer getan, was du wolltest. Aber ich, ich habe immer Rücksicht genommen: erst auf deinen Vater und später auf euch Kinder. Und jetzt weiß ich schon lange nicht mehr, was ich eigentlich will!«

»Weißt du noch, als ich mich entschieden habe, von hier wegzugehen? Ihr hattet damals das Gefühl, dass ich mich gegen euch entscheide, dabei hatte das nichts mit euch zu tun. Ich habe mich damals für mein Leben entschieden, für mein Gefühl, das mir sagte, geh nach Paris.

Nicht mit allen Entscheidungen macht man sich Freunde!«

»Ich habe dich damals schon richtig verstanden. Ich war traurig, dich zu verlieren, aber ich wäre am liebsten mitgegangen: Pariiiis! Mein Traum! Aber heute ist es zu spät, ich bin zu alt!«

Racine widersprach heftig: »Aber nein, Mama, es ist nie zu spät, sein Leben zu verändern! Du kannst auch heute noch nach Paris! Oder in die Schweiz, zu deinem Cousin Fondue. Er wohnt traumhaft am Ufer der Aare, ich habe ihn letztes Jahr dort besucht. Die Landschaft ist atemberaubend schön, und erst der Käse!«

Aber Raclette hörte ihrer Tochter schon gar nicht mehr zu, mit einer Tüte in der Hand hüpfte sie aus dem Citroën und setzte sich ebenfalls auf einen Reifen.

»Wer möchte Cracker? Die habe ich noch gefunden.«

Racine dachte insgeheim: ›Sie denkt immer nur ans Essen! Da hat sie seltsamerweise keine Entscheidungsschwäche: Sie isst einfach alles!‹

»Hatschi«, plötzlich musste Racine niesen und Doc ergänzte: »Katzenalarm!« Gleichzeitig hörten sie einen schrillen Pfiff. Ludwig und Raclette sprangen von den Reifen auf, hüpften ins Auto und schlüpften unter den Fahrersitz. Doc und Racine folgten instinktiv.

»Verdammte Katzen«, flüsterte Ludwig. Racine saß zitternd neben Doc. Sie hasste Katzen. Beim ersten Nieser wusste sie, dass die Katze nur noch eine Pfotenlänge entfernt war. Ihr nächster Nieser blieb aus, aber ihr Zittern hielt an.

»Racine, hast du immer noch diese Katzenpanik?«, fragte ihre Mutter liebevoll. Und schon ertönte ein zweiter, doppelter Pfiff.

»Entwarnung, sie ist weg!« Ludwig hüpfte als Erster ins Freie.

»Was machst du denn, wenn du alleine bist und auf eine Katze triffst? Wie hältst du das denn aus?«, wollte Raclette wissen.

»Dadas iiist gaaaanz eieieinfaaach«, stotterte Racine, »iich enenentscheide miiich dadadann, keikeikeine Aaaangst zuzuzu haben.«

**Es gibt keine verpassten Gelegenheiten, nur nicht getroffene Entscheidungen.**

Es ist nie zu spät, sich lang gehegte Wünsche zu erfüllen, denn jeder hat die Gestaltung seines Lebens selbst und jederzeit in der Hand.

# Der Familienrat

»Wer hat uns eigentlich gewarnt?«, fragte Doc.

»So pfeift nur George«, antwortete Ludwig. Und schon huschte George um die Ecke.

»Habt ihr den fetten alten Kater gesehen? Er führt sich immer noch auf wie der Chef vom Platz, dabei sieht er schlecht und hat fast keine Zähne mehr. Aber man kann ja nie wissen! Ich glaube, mein Pfiff hat ihn in die Flucht geschlagen!«

»Ich wusste gar nicht, dass du so pfeifen kannst«, meinte Racine anerkennend.

»Ich kann doch nicht riskieren, dass meine Lieblingscousine von der Katze gefressen wird«, George lächelte und zwinkerte ihr mit einem Auge zu.

In diesem Moment kamen ihre Tante und ihr Onkel um die Ecke. »Hallo, alle zusammen! Wir dachten, wo die Familie so gut wie komplett ist, könnten wir uns doch mal zusammensetzen und einen Familienrat abhalten«, schlug Leopold vor und klopfte sich selbst dabei anerkennend auf den Bauch, »Tagesordnungspunkt Nummer eins: Der Umzug.«

»Gute Idee«, stimmte ihm Racine zu.

»Ach, ich weiß nicht«, jammerte Raclette und wollte sich in den Citroën zurückziehen.

»Du bleibst hier!«, befahl Ludwig und sie gehorchte.

»Also, ich als Ältester werde diese Sitzung leiten«, fuhr Leopold fort, »wer fängt an?«

Ohne eine Antwort auf die Frage abzuwarten, sprach er weiter: »Die Lage ist hoffnungslos, aber nicht ernst. Wenn es uns nicht allen so gehen soll, wie es dem armen Karl-Otto fast ergangen wäre, müssen wir unsere Luxuslimousinen baldmöglichst verlassen und uns andere Bleiben suchen. Meine liebe Josefine und ich werden auf ein Hausboot ziehen. Unsere Kinder George und Barbie werden uns begleiten.«

Da rief eine Stimme: »Ich will nicht auf diesem schaukeligen Boot wohnen!« Barbie kam gerade noch rechtzeitig um die Ecke gebogen: »Ich werde seekrank und muss mich übergeben, nein danke!« Sie hatte eine rosarote Federboa um ihren Hals geschlungen und trug eine perlenbesetzte Tasche.

»Du bist noch gar nicht dran, setz dich erst einmal hin«, raunte ihr Vater Leopold ihr zu.

»Vielleicht sollten wir unseren Gast als unabhängigen Wissenschaftler mal nach seiner Meinung fragen. Doc, was meinst du, was wir tun sollten?« Ludwig wandte sich an Doc, der froh zu sein schien, endlich eine Möglichkeit gefunden zu haben, sich von George zu entfernen. Doc stand auf und begann: »Wir Ratten sind äußerst intelligent, flexibel und anpassungsfähig. Wir entwickeln uns allerdings immer mehr zu unentschlossenen, trägen Faulpelzen, wenn es uns zu gut geht und wenn wir uns zu wohl fühlen. Wenn wir dann unsere Komfortzone verlassen sollen, ist das Gejammer groß! Aber es ist unsere Aufgabe, uns täglich neuen Herausforderungen zu stellen, das liegt in unseren Genen. Also hört auf, eure Situation zu beklagen, und freut euch lieber auf neue Abenteuer!«

»Ach, ich weiß nicht …«, entgegnete Raclette.

»Aber ihr habt nur eine Wahl: Entweder leben oder sterben. Wer hierbleibt, hat sich für den Tod entschieden.«

»Ich ziehe auf den Jahrmarkt und nicht auf dieses schaukelnde Boot«, warf Barbie ein.

»Aber Kind, wie willst du denn dort alleine überleben?«, fragte Tante Josefine entsetzt. »Am Ende kommst du noch unter die Räder. Ich darf gar nicht daran denken, was für Rattengesindel sich an solchen Plätzen herumtreibt!«

»Ich will hoffen, dass sich dort Ratten ›herumtreiben‹, hier treffe ich ja nie welche außer euch!«, gab Barbie zurück. »Ich bin froh, dass ich endlich herausgefunden habe, was ich will, und dass ich einen Ort gefunden habe, der zu mir und meinen Träumen passt. Ihr habt sehr gut für mich gesorgt und euch immer großartig um mich gekümmert. Aber irgendwann reicht es. Ich brauche dringend Tapetenwechsel und ich will mein Leben selber bestimmen. Ich riskiere eine ganze Menge, und wenn schon! Das gefällt mir jedenfalls viel besser, als auf diesem Boot zu versauern.«

»So kenne ich meine Tochter überhaupt nicht!«, jammerte Tante Josefine und Raclette nahm sie in die Arme.

»Lass sie doch gehen, sie ist alt genug«, meinte Leopold, »und da wir gerade dabei sind, George, du kannst auch gerne woanders hinziehen!«

»Ach, ich weiß nicht«, antwortete der, »ich glaube, ich komme mit euch. Soll Barbie ruhig auf ihren Jahrmarkt ziehen. Ich finde, wenigstens eines eurer Kinder sollte bei euch bleiben.«

»Quatsch!«, antwortete Leopold, aber bevor er weitersprechen konnte, fiel ihm Tante Josefine ins Wort: »Lass den Jungen in Ruhe, er kann auch weiterhin bei uns wohnen!«

Damit war diese Diskussion beendet.

»Und was ist mit euch beiden, Ludwig und Raclette?«, wollte Leopold wissen.

Raclette erwiderte knapp: »Wir haben uns noch nicht entschieden.«

»Ludwig, jetzt sprich doch mal ein Machtwort!«, verlangte Leopold.

»Wie meine Frau schon sagt, wir haben uns noch nicht entschieden, wenn es so weit ist, werden wir euch über unsere Pläne informieren. Im Moment brauchen wir aber noch etwas Zeit und möchten erst alle Möglichkeiten durchdenken, bevor wir einen endgültigen Entschluss fassen.«

»Genau«, Raclette schaute Ludwig dankbar an und sprach weiter: »Wir müssen unser Heim verlassen, unsere vertraute Umgebung. Es fällt uns eben schwer, von jetzt auf gleich irgendwo anders hinzugehen!«

Tante Josefine warf ein: »Aber was spricht denn dagegen, dass ihr mit uns auf das Hausboot zieht? Oft genug haben wir euch gesagt, dass es dort ausreichend Nahrung für uns alle gibt. Und jetzt, wo ich mich entschlossen habe, mich von meinen Duftbäumen, den Landkarten und all den anderen Sachen zu trennen, dürfte es auch überhaupt keine Platzprobleme geben.« An Racine gewandt fügte sie hinzu: »Ja, ich bin nach deinem Besuch noch einmal in mich gegangen und habe gemerkt, dass ich all diese Dinge nicht zum Überleben brauche, meine Familie und einen sicheren Platz zum Überleben hingegen schon.«

Racine sah ihre Tante erstaunt an und dachte: ›Na also, dann hat mein Ratschlag ja doch etwas bewirkt.‹

Doc rief: »Bravo«, und stupste Racine triumphierend in die Seite.

Raclette ließ sich von der Begeisterung nicht anstecken und fuhr fort: »Nein, das Hausboot fühlt sich für mich nicht richtig an. Außerdem, drei von uns fallen auf dem Boot vielleicht nicht auf, aber wenn auf einmal fünf auftauchen? Wer weiß, ob die Menschen uns nicht doch irgendwann bemerken und uns von dort vertreiben, oder sogar Schlimmeres. Ich will und kann mich nicht so überstürzt entscheiden!«

Jetzt hielt es Racine nicht mehr aus: »Ich begreife nicht, was es da lange zu überlegen gibt! Verdammt, ihr habt nicht mehr viel Zeit. Wollt ihr mich zur Vollwaisen machen? Es gibt so viele Möglichkeiten, den Bahndamm, den Zoo, das Hausboot, und auch sonst könnt ihr beiden überall hin. Wenn ihr euch doch nur endlich trauen würdet!

Hört ihr nicht das Krachen dort hinten? Ihr wisst doch, dass ihr bald in diesen Pressen endet, wenn euch nicht ganz schnell etwas einfällt!«

**Sich nicht unter Druck entscheiden zu wollen, ist auch eine Entscheidung!**

Manche Entscheidungen lassen sich nicht sofort treffen, für sie braucht es einen Reifungsprozess. Dazu gehört, zunächst verschiedene Alternativen durchzuspielen, bevor man eine Wahl trifft. Keine Entscheidung ist auch eine Entscheidung.

# Ein Besuch bei Karl-Otto

Der Caravan war nicht zu übersehen, es war der einzige auf dem Platz. Grünlich bemoost stand er vor einer Reihe ausrangierter LKWs.

»Was sehen meine alten Rattenaugen von hier oben? Racine?! Ich fasse es nicht!« Seine näselnde Stimme kam von oben – da saß er auf dem Dach des Caravans und rief: »Kommt rauf! Nehmt den LKW und springt vom Dach aus rüber!«

Racine kletterte über die platten Reifen und die Motorhaube aufs Dach des Fahrerhauses, Doc versuchte mit ihr Schritt zu halten. Mit einem Satz landeten sie auf dem Dach des Caravans. Racine begrüßte ihren Onkel herzlich.

»Gut siehst du aus! Zwar etwas ergraut, aber das steht dir gut.« Ihr Kompliment war ehrlich gemeint.

»Wechseln wir das Thema. Ich bin inzwischen eine alte Ratte.« Er nagte weiter an einer braunen, stachelig aussehenden Frucht und spukte einen großen Kern in hohem Bogen in die Luft. »Bedient euch! Ich habe jede Menge davon. Die Menschen nennen sie Lychees, Früchte aus China. Du kennst doch auch noch meinen Freund Bruno.

Der wohnt inzwischen im Gemüsegroßmarkt und versorgt mich mit gesundem Obst. Man muss sich vorstellen, Bruno ist Vegetarier geworden! Eine Ratte, die kein Fleisch frisst! Das wäre nichts für mich! Bitte, bedienen Sie sich«, wandte er sich Doc zu.

»Das ist Doc, mein allerbester Freund. Doc, du siehst hier meinen Lieblingsonkel Karl-Otto!« Stolz stellte sie die beiden einander vor.

»Freut mich außerordentlich. Ich habe schon viel von Ihnen gehört«, entgegnete Doc höflich.

»Sparen wir uns die Förmlichkeiten, ich bin Karl-Otto und nun will ich wissen, was du von mir gehört hast!« Karl-Otto unterbrach gespannt seine Mahlzeit.

»Nun ja«, versuchte es Doc diplomatisch, »man erzählt sich, dass Sie jede Menge Glück hatten in der letzten Zeit. Fast hätte ich nicht mehr die Ehre gehabt, Sie kennenzulernen …«

»Spricht dein Freund immer so geschwollen?«, fragte Karl-Otto seine Nichte.

»Klar ausgedrückt, junger Freund, ich bin dem Tod gerade noch mal so von der Schippe gesprungen. Darauf bin ich überhaupt nicht stolz. Dass ich noch am Leben bin, ist nicht mein Verdienst. Aber ich bin natürlich froh! Jetzt sitze ich hier in der Sonne und esse Lychees! Wäre George nicht so mutig gewesen, wäre ich jetzt im Rattenhimmel.« Karl-Otto lachte.

Racine sah ihn an und wusste auf einmal nicht mehr, was sie sagen sollte.

»Ich bin jedenfalls froh, dich zu sehen!«, brachte sie nach einer kurzen Pause mit zitternder Stimme raus.

»Und ich erst, dich zu sehen. Du bist eine Schönheit geworden, meine kleine Racine«.

»Was willst du denn machen, wenn der Schrottplatz geschlossen wird? Maman ist total aufgeregt, weil sie hier weg muss und noch keinen Plan hat. Du kennst sie ja, sie ist nicht gerade entscheidungsfreudig«.

Karl-Otto spukte einen Lycheekern aus und erwiderte: »Was ich mache, weiß ich heute noch nicht. Frag mich wieder an dem Tag, an dem dieser Caravan dran ist. Dann werde ich den Platz verlassen, dann werde ich mich entscheiden.« Er blickte sie ernst an und fuhr fort: »Weißt du, ich habe mich im Leben oft gegen mich selbst entschieden. Meine letzte Entscheidung hätte mich fast mein Leben gekostet. Und das nur aus Sturheit und aus Prinzip, weil ich meinen VW nicht verlassen wollte. Entscheidungen, die einen selbst zerstören, sind die einzig falschen Entscheidungen, das weiß ich jetzt«.

»Aber warum ist man so dumm, Verzeihung, und entscheidet sich gegen sich selbst?« Racine wollte es nun genau wissen.

»Tja, das kann verschiedene Gründe haben. Ich will versuchen, es zu erklären. Meine Eltern haben sich immer gestritten und gebissen, unsere Familie war das reinste Chaos, also habe ich mich entschieden, selbst keine Familie zu haben. Nicht, weil ich keine Familie wollte, sondern nur, weil ich mich schlichtweg anders entscheiden wollte. Paradox, nicht wahr? Als ich die Liebe meines Lebens kennenlernte, habe ich mich entschieden, davonzulaufen. Weil alle sagten: ›Nimm sie, sie wird dir wunderbare Rattenjunge schenken.‹ Aber ich wollte nicht so sein wie alle anderen und habe sie verlassen. Ich habe mich gegen das Glück entschieden, weil ich Angst vor den Konsequenzen hatte. Was wäre gewesen, wenn sie mich verlassen hätte? Das hätte ich nicht ausgehalten und so habe ich sie verlassen!«

Racine begann zu verstehen. »Du glaubst, man entscheidet sich manchmal bewusst gegen das eigene Glück, weil man Angst vor den Konsequenzen hat?«

»Genau!« Jetzt beteiligte sich auch Doc an der Diskussion. »Man tut etwas nicht, weil man es nicht kennt. Man entscheidet sich im Grunde immer für die bekannte Möglichkeit, auch wenn die noch so besch…eiden ist. Alles Neue birgt ein Risiko, also entscheidet man sich für das Bekannte, auch wenn es einem nicht gefällt. Manchmal entscheiden wir uns gegen unser eigenes Wohl, nur aus Sturheit oder Protest. Man denkt sich, wenn ich mich so wie meine Eltern, so wie die anderen entscheide, muss das schon mal falsch sein. Man entscheidet sich einfach dagegen, weil es so cool ist, aus Protest. Und somit entscheiden wir uns manchmal gegen unser eigenes Wohl, vielleicht nur aus Sturheit«.

»Das ist verrückt!« Racine wurde immer nachdenklicher. »Falsche Entscheidungen gibt es doch eigentlich nicht, die Entscheidungen sind nur anders. Aber falsche Entscheidungen gibt es dann, wenn man sich mit seinen eigenen Entscheidungen selbst schadet«.

Karl-Otto nickte: »In meinem Fall ist das ja gerade noch mal gut gegangen. Darum denke ich heute nicht über die Entscheidungen nach, die ich vielleicht erst morgen oder in einer Woche treffen muss. Ich lasse den Fall ganz dicht an mich rankommen und frage mich dann: ›Was ist langfristig gut für mich? Welche Entscheidung bringt mich in meinem Leben weiter?‹«

»Tja, das ist oft gar nicht so leicht zu beantworten!«, warf Racine ein.

»Sicher nicht. Aber wer kann einem die Entscheidungen, die immerhin das eigene Leben betreffen, abnehmen? Willst du andere für dich entscheiden lassen?«, fragte Karl-Otto.

»Ich? Ich sowieso nicht. Ich habe das Glück, nur für mich entscheiden zu müssen und ich bilde mir ein, ein gutes Bauchgefühl zu haben. Das ist uns Ratten nämlich angeboren«, antwortete Racine und nahm sich eine Lychee. »Die schmecken ja köstlich! Vielleicht sollte Maman auf den Gemüsegroßmarkt ziehen?«

»Und was machst du als Nächstes?«, wollte Karl-Otto wissen.

»Das weiß ich jetzt noch nicht. Ich glaube, da sind wir uns ziemlich ähnlich, ich lasse die Dinge ganz nah an mich rankommen und entscheide mich spontan. Bisher hat das immer ganz gut geklappt. Vor allem habe ich keine Angst, mich falsch zu entscheiden. Was ist schon falsch? Eine falsche Entscheidung ist vielleicht ein Umweg. Aber auf den Umwegen trifft man oft die schönsten Sehenswürdigkeiten. Finde ich zumindest. Und jetzt entscheide ich mich, mich schlafen zu legen, die Tage hier sind anstrengend.« Racine verabschiedete sich von Karl-Otto. Inzwischen dämmerte es schon.

»Seht euch diesen Sonnenuntergang an! Ich hoffe, mein neues Heim hat einen ebensolchen Ausblick. Seid vorsichtig beim Abstieg, geht der Katze aus dem Weg und kommt gut heim!« Karl-Otto wurde fast melancholisch.

»Ein Wahnsinnstyp, dein Onkel«, gestand Doc auf dem Rückweg voller Hochachtung. »Von dem kann sich jede Ratte eine Scheibe abschneiden. Und dass er kein Vegetarier ist, macht ihn mir noch sympathischer«.

»Apropos Vegetarier, wie wäre es mit einer Currywurst?« Racine rannte voraus und Doc versuchte, vergeblich, mit ihr Schritt zu halten.

**Falsche Entscheidungen gibt es nicht: Man muss höchstens Umwege auf dem Weg zum Ziel in Kauf nehmen.** Die Angst vor Konsequenzen darf einen nicht daran hindern, Entscheidungen zu treffen. Selbst wenn sich eine Entscheidung rückblickend als Fehlentscheidung herausstellt, bringt sie etwas Gutes mit sich: neue Erfahrungen, aus denen man lernen kann, um sich beim nächsten Mal leichter zu entscheiden.

# Ein Ausflug in die Stadt

Am nächsten Morgen wachte Racine in ihrem Kissen auf und schaute sich um. Vor dem Citroën saßen Doc und ihr Vater bereits beim Frühstück. Currywurst und Croissants! Racine sprang mit zwei Sätzen hinaus, überlegte dann kurz und kehrte wieder ins Auto zurück. Dort umarmte sie ihre Mutter und schlug ihr vor: »Was hältst du davon, wenn du und ich heute mal woanders frühstücken? Wir machen uns einen richtig schönen Tag und gehen durch die Stadt, schauen am See vorbei, was meinst du?«

Raclette sträubte sich: »Ich war schon lange nicht mehr draußen, die Stadt ist so gefährlich!«

»Dann wird es Zeit, dass du mal wieder hier herauskommst!« Racine ließ sich nicht beirren: »Gefährlich sind wir, hast du das vergessen? Die Menschen denken von uns, dass wir bissige, schmutzige Tiere sind, die Krankheiten übertragen und kleinen Kindern die Nasen abbeißen. Mit diesem Image tut uns keiner was. *Sie* haben Angst vor uns, vergiss das nie!«

»Meine mutige und schöne Tochter, wenn ich dich nicht hätte!« Stolz schaute sie Racine an und sah in ihr Eigenschaften, die sie früher auch besessen hatte: Abenteuerlust und Neugier.

»Gut, ich komme mit.«

»Tschüß ihr zwei, wir frühstücken auswärts«, rief Racine ihrem Vater und Doc zu und zog ihre Mutter hinter sich her.

Als Erstes rannten die beiden zum Café am Fluss. Unter großen Sonnenschirmen frühstückten jede Menge Leute. Racine hielt nach Tischen mit Kindern Ausschau. Dort fiel immer mindestens die Hälfte auf den Boden. Sie musste nicht lange warten. Nach kurzer Zeit entdeckte sie ein halbes Croissant und daneben lag ein Frühstücksei. Sie packte beides blitzschnell, lief zu Raclette und fragte: »Wo wollen wir sitzen? Ich schlage vor: am Wasser. Mama, setz dich schon mal, ich serviere!«

Raclette suchte sich einen Platz unter einem großen Blatt. Sie legte sich auf den Rücken, schloss die Augen und genoss die Ruhe. ›Wie im Urlaub‹, dachte sie, als Racine mit dem Frühstück erschien. Welch ein Festmahl! Racine hatte sogar einen Pappbecher mit einem Rest Milchkaffee und Milchschaum gefunden.

Träumerisch sagte Raclette: »Früher haben dein Vater und ich viel mehr unternommen, aber inzwischen will er kaum mehr hinunter vom Schrottplatz, schau dir seinen Bauch an, er ist faul und langsam geworden. Und bequem dazu!«

»Ja, wer alles hat, wird bequem, träge und verfettet!«, meinte Racine zustimmend, »nur wer noch Wünsche hat, bleibt beweglich! Und ich wünsche mir heute ein riesiges Eis!«

»Oh ja!«, jauchzte Raclette, » ... mit Sahne!«

Rattenmutter und Rattentochter umarmten sich glücklich.

»Sag mal, bevor ich zur Welt kam, was hattest du da für Träume?«

»Wie kommst du denn jetzt auf diese Frage?«, wollte Raclette mit vollem Mund wissen.

»Denk doch mal zurück, was wolltest du früher so tun?«

»Das erzähle ich dir unterwegs. Los, lass uns aufbrechen!«

Racine biss ein letztes Mal in ihren Käse, bevor sie losliefen.

»Ich war genau wie du, wild und unzähmbar. Bis dein Vater kam, danach wollte ich nur noch ihn. Er hatte so etwas Wildes, Verwegenes. Er war der größte Draufgänger und wollte mich entführen. Ich war so verliebt in ihn und ich bin freiwillig mit ihm mitgegangen. Ich wäre ihm bis ans Ende der Welt gefolgt. Meine Güte, was wollten wir alles unternehmen! Wir wollten um die Welt segeln, er war ja eine Wanderratte, wir wollten unterwegs sein. Aber dann ...«

»Was dann?«

»Dann kamt ihr, dein Bruder und du.«

Racines Mutter schaute versonnen, »und ich hatte keine weiteren Wünsche. Ihr beide ward das Größte und Schönste, was sich eine Rattenmama wünschen kann!«

Plötzlich blieb sie vor dem Schaufenster eines Reisebüros stehen. »Schau dir das an, ist das nicht schön?«

Raclette zeigte auf das Foto eines riesigen Kreuzfahrtschiffs.

»Queen Mary die zweite«, stellte Racine mit Kennerblick fest.

»Heißt so das Schiff? Wie gut, dass du schon so viel von der Welt weißt!« Raclette fiel ihrer Tochter spontan um den Hals.

»Soweit ich von anderen Ratten gehört habe, fährt dieses Schiff um die ganze Welt«, fuhr Racine fort, »es soll sogar Landausflüge und Unterhaltungsprogramme geben, und nicht zu vergessen jede Menge exquisites Essen, alles, was du dir nur vorstellen kannst!«

»Mit so einem Schiff würde ich gerne fahren«, schwärmte Raclette, »aber es ist bestimmt schwierig, da überhaupt hinaufzukommen!«

»Ach was, wenn man etwas wirklich will, findet sich auch ein Weg! Ihr könnt euch zum Beispiel im Hafen auf das Schiff schleichen, entweder im Proviant, der verladen wird, zwischen den Bananen oder den Broten. Oder aber mit dem Gepäck der Menschen, einfach in einer Manteltasche oder einer großen Handtasche. So sind Doc und ich auch an Bord des Flugzeuges gekommen, mit dem wir hierher geflogen sind. Du wirst sehen, es geht ganz leicht!«

»Um die ganze Welt, und genug zu Essen wäre auch da. Ich wollte schon immer mal Amerika sehen. Das würde deinem Vater gefallen.«

»Es gibt da nur ein Hindernis«, meinte Racine.

»Was für ein Hindernis?«, fragte Raclette neugierig.

»Ein nicht unerhebliches. Nämlich dich!«

»Wieso bin ich ein Hindernis?«

»Weil du dich selbst behinderst! Deine Kinder sind groß, wir sind nicht mehr auf dich angewiesen. Deine Wohnung hast du auch verloren. Hier hält dich nichts. Papa wäre bei der Idee sofort dabei, also bleibst nur du. Du musst dich entscheiden. Und mit Entscheidungen hast du es ja nicht so, oder?«

»Hm«, Raclette schien angestrengt nachzudenken.

»Angenommen, mal nur so angenommen, du wüsstest bereits, wie du dich entschieden hättest, wie sähe dann deine Entscheidung aus?«

»Ich fahre zur See! Ich sehe mich alleine auf dem Deck spazieren gehen. Dein Vater streckt derweil schon seinen Bauch in die Sonne. Wir werden nach Afrika und Indien fahren, unter Palmen liegen und Kokosnüsse essen. Und wohnen können wir auf dem Schiff in einem der Rettungsboote. Ach, das wäre herrlich!«

Ein schriller Schrei holte sie aus ihren Träumen. »Ihhhh, Igitt! Ratten! Zwei Ratten! Am helllichten Tag! Mitten in der Stadt! Hiiiiilfe!«

Und gleichzeitig krachte eine Einkaufstüte auf den Boden. Racine schaute nach oben. An den schwarzen hochhackigen Pumps folgten lange Beine und ganz oben saß ein roter schreiender Mund in einem ekelverzerrten Gesicht. Der schrie weiter: »Warum tut denn keiner was?«

Geistesgegenwärtig griff Racine nach der Tüte und zog sie hinter sich her. »Los, nichts wie weg«, raunte sie ihrer Mutter zu, »wir kommen ein andermal wieder her.«

Raclette war es äußerst unangenehm, überhaupt aufzufallen und das Objekt derartiger menschlicher Anfälle zu sein, und so folgte sie ihrer Tochter ohne weitere Diskussion. Racine bog um die Ecke und versteckte sich hinter einem Busch. Sie stöberte in der Plastiktüte. »Alter Parmesan, Parmaschinken, Baguette und – du glaubst es kaum – Eis! Damit ist unser Bummel beendet. Wir müssen das Eis schnell nach Hause bringen und aufessen, solange es noch nicht geschmolzen ist. Was glaubst du, wie die beiden Faulpelze staunen werden, wenn wir mit unserer Beute ankommen!«

Racine lief die Straße entlang und zog immer noch die Plastiktüte hinter sich her, während ihre Mutter ihr folgte.

**Wenn man bereits wüsste, wie man sich entschieden hätte, wie sähe dann diese Entscheidung aus?**
Wer in sich hineinspürt und sich vorstellt, welche neuen Erfahrungen durch eine bestimmte Entscheidung möglich sind, für den wird es viel einfacher, schließlich einen klaren Entschluss zu fassen.

# Racines Entschluss

»Du bist schon wach?«, wunderte sich Doc am nächsten Morgen, als er aus dem Auto schaute. Normalerweise war er als Frühaufsteher immer der Erste.

»Ich bin einfach übererholt. Mir reicht's so langsam, außerdem träume ich schlecht. Von Mama und Papa, meinem Bruder und der ganzen Rattenverwandtschaft.«

»Lass uns doch ein paar Meter laufen, wir essen zu viel, ich brauche Bewegung«, meinte Doc.

»Ja gerne, ich auch«, stimmte Racine zu, »ich fühle mich fett und träge.«

Die beiden gingen in Richtung Fluss und nahmen die Abkürzung unter den Autos hindurch.

»Ich überlege die ganze Zeit, was aus mir wohl geworden wäre, wenn ich mich damals nicht entschieden hätte, von zu Hause wegzugehen«, sagte Racine nachdenklich.

»Wäre, hätte, wenn! Was sollen diese Vermutungen? Das bringt doch nichts!«, rief Doc.

»Ich säße sehr wahrscheinlich mit einem oder zwei Würfen kleiner Rattenkinder da, die ich füttern müsste und die mir die Haare vom Kopf fressen würden. Ich würde mich jeden Tag um sie sorgen. Mein Rattengatte würde wahrscheinlich schon lange fremdgehen, sodass ich wieder bei Mama eingezogen wäre, mit meinen zwölf Jungen.«

»Ja, ja, und wenn sie nicht gestorben wären, dann lebten sie noch heute. So kenne ich dich gar nicht, du lebst dein Leben doch sonst auch nicht im Konjunktiv! Hätte ich damals nicht ..., dann wäre heute nicht ... totaler Schwachsinn!«

»Du hast recht, ich kann hier nicht mehr klar denken, ich muss hier weg!«

»Habe ich das gesagt? Schau dir an, was ist, und triff dann deine Entscheidung.«

»Stimmt. Also was ist? Ich habe Hunger! Wir gehen rechts den Fluss hinunter, an der Biegung ist ein Café, da können wir frühstücken.«

»Du denkst doch immer nur an das eine ...«, sagte Doc grinsend.

»Ach, lass mich in Ruhe«, schmollte Racine, »ich mache mir Sorgen! Meine Eltern haben sich immer noch nicht entschieden. Wenn nicht schnell etwas passiert, enden sie in der Schrottpresse. Was soll ich nur tun? Alle meine Bemühungen, ihnen bei der Entscheidungsfindung zu helfen, nützen offensichtlich überhaupt nichts! So sehr ich mich anstrenge, mit ihnen rede, ihnen Vorschläge mache, sie hören mir einfach nicht richtig zu ...«

»Wenn sie in der Schrottpresse enden wollen, kannst du gar nichts tun. Wenn sie sich nicht entscheiden, umzuziehen, dann entscheidet ein anderer für sie. Und das Ende ist dann die Schrottpresse!«, sagte Doc.

»Aber ich muss ihnen doch helfen!«, beharrte Racine.

»Ja, das ist schon richtig«, sprach Doc weiter, »aber deine Hilfe lohnt sich nur dann, wenn die beiden sich auch helfen lassen wollen. Überleg doch mal, wie viel du bereits getan hast. Du hast ihnen ein paar hervorragende Denkanstöße gegeben und sie damit aus ihrer Bequemlichkeit und Lethargie wach gerüttelt. Deine Mutter war den ganzen gestrigen Abend richtig gut gelaunt. Ist dir das gar nicht aufgefallen? Sie genießt es sehr, dass du da bist.«

»Ach, das war doch nur wegen der Eiscreme!«, entgegnete Racine mürrisch und versuchte, nicht allzu geschmeichelt auszusehen.

Doc fuhr unbeirrt fort: »Was ich damit sagen will, ist, dass schon allein deine Anwesenheit bewirkt, dass deine Eltern wieder über ihren Tellerrand hinaussehen.«

»Hm«, sagte Racine nachdenklich, »so habe ich es noch gar nicht gesehen. Aber wieso entscheiden die zwei sich dann nicht endlich für irgendetwas? Wie lange wollen sie denn noch warten? Bei so viel Unentschlossenheit kann ich nicht anders, ich muss mich einfach einmischen!«

»Glaubst du nicht, dass deine Eltern alt genug sind, sich selbst zu helfen? Trau ihnen zu, mit ihrem Leben selbst fertig zu werden. Warum denkst du immer, du wüsstest alles besser, wüsstest, was gut für deine Eltern ist?«

»Weil ich es weiß«, murrte Racine.

»Das ist das, was ich so an dir schätze, deine Bescheidenheit«, Doc lächelte sie an.

Jetzt blieb Racine stehen: »Ich weiß, ich bin manchmal unerträglich. Mir ist im Grunde klar, dass jeder seine Entscheidungen selbst treffen muss, auch wenn das für andere manchmal nicht nachvollziehbar lange dauert. Im Übrigen habe ich eine Entscheidung für mich getroffen.«

»So, und die wäre?«

»Ich reise morgen ab.«

»Aha, schön, dass ich davon jetzt auch schon höre. Vielleicht hättest du mit mir mal darüber reden können.«

»Nein, das ist eine Bauchentscheidung, gerade getroffen und ich fühle mich jetzt richtig leicht. Du kannst dich doch selbst entscheiden, ob du hierbleibst oder mitkommst!«

›Bauchentscheidung?‹, überlegte Doc und schaute sich Racines Bauch an. Laut sagte er: »Sehr großzügig von dir! Ich schlage dir etwas vor: Wer zuerst ein Croissant erwischt, der darf entscheiden, wohin wir als Nächstes reisen.«

»Das hört sich gut an, das ist fair!«, rief Racine aus der Ferne. Sie war bereits losgerannt und ließ den hinkenden Doc weit hinter sich.

›Sie hat es mal wieder geschafft! Sie weiß genau, dass ich ihr bis ans Ende der Welt folgen würde‹, ärgerte sich Doc und lief so schnell er konnte am Flussufer entlang. An der Biege blieb er hechelnd stehen, um Luft zu holen, als er von Weitem Racine sah, die auf ihn zu gerannt kam.

»Bleib, wo du bist, Frühstück kommt schon.« Sie zog ein ganzes Croissant hinter sich her, das noch richtig frisch duftete.

»Pass auf, es ist noch warm. Also, auf dem Weg zum Bäcker habe ich mich für unser nächstes Reiseziel entschieden. Willst du's wissen?«

»Natürlich, ich platze vor Neugier«, rief Doc gespannt.

»Das Mittelmeer! Um genauer zu sein: Cassis bei Marseille. Dort wohnt Flambé, mein Cousin zweiten Grades, im Keller einer Hafenkneipe. Das Leben dort ist ein Traum: Gegrillten Fisch so viel du willst! Tagsüber liegen wir am Strand und essen Eis und Kekse. Abends streifen wir durch die Hafenspelunken. Wir können auch mal eine Bootstour machen. Und jeden Morgen französische Croissants – das wird herrlich!«

Die Geschwindigkeit, mit der Racine Entscheidungen traf, erstaunte Doc immer wieder.

»Und wie wollen wir dort überhaupt hinkommen?«, fragte er skeptisch.

»Ach, sei doch nicht immer so negativ! Wenn man ein Ziel hat, findet sich auch ein Weg! Wie ist es, bist du dabei?«

»Nun ja, habe ich eine Alternative?«, fragte Doc eher sich als Racine.

›Ja, ein einsames und langweiliges Leben ohne mich‹, dachte sie und antwortete laut: »Nein!«

Dann fiel Racine Doc um den Hals und rief:

»Cassis, wir kommen!« Dabei drehte sie sich im Kreis und jagte übermütig ihrem Schwanz nach, »wir brechen am besten gleich morgen auf. Wir könnten doch wieder fliegen, was meinst du?«

Nur der Gedanke ans Fliegen führte schon dazu, dass Doc sich fast übergeben musste. Der Appetit auf sein Frühstück war ihm vergangen. Er schaute Racine an, die noch immer glücklich ihrem Schwanz hinterherjagte und seufzte: »Ja, das ist wohl der schnellste Weg. Aber Cassis ist jede Übelkeit wert.

Lass uns zu deinen Eltern zurückgehen. Du solltest ihnen so schnell wie möglich sagen, was wir vorhaben. Allerdings glaube ich nicht, dass die beiden von deinen Plänen begeistert sein werden.«

»Jetzt sprichst du ja in Konjunktiven«, lachte Racine. Dann sagte sie nachdenklicher: »Meine Mutter wird garantiert aus allen Wolken fallen. Dass ich so schnell wieder abreise, damit rechnet sie bestimmt nicht. Sie wird sagen: ›Du bist doch gerade erst angekommen‹, und mir vorwerfen, wie egoistisch ich bin, die beiden im Stich zu lassen, jetzt, da sie mich hier so dringend brauchen.

»Wieso?«, gab Doc zurück. »Du sagst doch selbst, sie hören nicht auf dich. Außerdem hast du alles versucht, um ihnen zu helfen. Den nächsten Schritt müssen die zwei jetzt selber machen.«

»Trotzdem, je länger ich darüber nachdenke, desto weniger Lust habe ich, ihnen meinen Entschluss mitzuteilen.«

Doc nickte: »Tja, dieses Gespräch wird wohl nicht angenehm, aber dir bleibt nichts anderes übrig, oder willst du dich etwa heimlich aus dem Staub machen?«

»Nein, natürlich nicht«, antwortete Racine, »aber ich möchte nicht, dass meine Eltern enttäuscht von mir sind. Andererseits, um es ihnen recht machen zu können, müsste ich hierbleiben, mir den Vater meiner Kinder suchen und eine Familie gründen.«

»Also ich finde, den größten Gefallen tust du den beiden, wenn du bei allem, was du tust, du selbst bleibst. Ich kann mir kaum vorstellen, dass deine Eltern eine frustrierte alleinerziehende Rattenmama als Tochter haben wollen.«

»Nein, bestimmt nicht!« Racine klang wieder zuversichtlicher, »außerdem bin ich eine freie Ratte und ich entscheide mich fürs Mittelmeer!« Und mit einem Lächeln fügte sie hinzu: »Stell dir nur mal vor, Doc: du und ich unter Palmen am Strand ...«

**Man kann es mit seinen Entscheidungen nicht allen recht machen.**
**Aber man kann es sich selbst recht machen!**
Jeder muss selbstbestimmt seinen eigenen Weg gehen, auch wenn dies zuweilen unpopuläre Entscheidungen erfordert und andere vor den Kopf stößt.

# Für ein neues Leben ist es nie zu spät

›Wie sage ich es nur meinen Eltern? Ich sehe schon die traurigen Augen meiner Mutter vor mir …«, überlegte Racine und ging jetzt langsam hinter Doc her.

»Komm, beeil dich ein bisschen. Deine Eltern frühstücken sicher schon und werden sich fragen, wo wir abgeblieben sind. Dass ich dich mal antreiben muss! Wer hätte das gedacht!« Munter lief Doc vor ihr den Uferweg entlang. Er schien ausgesprochen gute Laune zu haben.

»Hey Doc!« Racine blieb stehen: »Ich habe da so eine Idee …«

Doc hielt kurz an und schaute zu ihr nach hinten: »Vergiss es! Das kannst du deinen Eltern selbst beibringen!«

›Verflixt‹, dachte Racine, ›diese Ratte kann Gedanken lesen!‹

»Steh zu deiner Entscheidung. Und wenn du nicht weißt, wie du es ihnen am besten sagen sollst, stell dir einfach vor, du erzählst ihnen etwas, worüber sie sich freuen würden!«

»Gute Idee, so in der Weise, als würde ich ihnen mitteilen, dass ich heiraten würde.«

»Wenn's hilft, auch das!« Doc rannte weiter und Racine hatte Schwierigkeiten, ihm zu folgen. Plötzlich schlug sie sich nach links ins Gebüsch und rannte zwischen den Brennnesseln hindurch an einem Schutthaufen vorbei. Eine Abkürzung! Die konnte Doc nicht kennen. Nach wenigen Metern kam sie wieder auf den Weg und setzte sich auf einen warmen Ziegelstein.

»Na, auch schon da?«, begrüßte sie Doc, als er endlich auftauchte und lief dann neben ihm weiter an den Schrottautos entlang, vorbei an dem schwarzen Mercedes, in dem ihr Onkel und ihre Tante lebten. Merkwürdigerweise war von dort kein einziges Geräusch zu hören. Entweder schliefen alle noch oder sie waren schon unterwegs.

Als sie in die Nähe des Citroën ihrer Eltern kam, hörte sie freudiges Gequieke. Onkel und Tante hatten sich offensichtlich zum Frühstück angesagt. Und da saßen sie alle zusammen: ihre Eltern, Onkel und Tante, Cousin und Cousine.

Raclette schien bester Laune zu sein und fragte neugierig: »Ihr seid aber schon früh unterwegs, wo wart ihr denn?«

Racine verdrehte die Augen und ihre Mutter fuhr fort: »Setzt euch zu uns, ich habe euch allen etwas zu sagen!«

›Na, das kann ja heiter werden‹, dachte Racine, ›lässt sie sich von Papa scheiden oder was gibt es so Brandneues?‹

Laut sagte sie: »Das trifft sich gut, ich, beziehungsweise wir, haben euch auch was zu sagen«, und ließ sich auf einem Sofakissen nieder. »Doc, komm, setz dich zu mir!«

»Wie aufregend!«, rief Racines Mutter und beugte sich gespannt vor, »los, erzähl!«

»Nein, erst du!«

»Erst du!«

»Nein, erst du!«

»Erst du!«

»Jetzt reicht's mit dem Pingpong!«, unterbrach Ludwig das Hin und Her und zeigte auf Racine: »Erst du!«

»Also es ist Folgendes: Ich habe mir überlegt, das heißt, wir haben uns überlegt, dass es vielleicht, eventuell ganz sinnvoll wäre ...«

Raclette war aufgestanden und sprang ungeduldig von einem Bein auf's andere.

»Nun sag schon ...«

Racine nestelte an ihrem Fell: »Nun ja«, Doc und ich wir wollen ...«

»Heiraten!!!«, vervollständigte Racines Mutter den Satz.

Racine hätte sich am liebsten auf der Stelle in Luft aufgelöst!

»Nein, abreisen!«, rief sie heraus und drehte sich peinlich berührt weg. Da kam Doc ihr zu Hilfe:

»Wir werden euch morgen verlassen und dann so schnell wie möglich nach Marseille fliegen. Dort in der Nähe, direkt am Mittelmeer, in Cassis, wohnt Racines Vetter, wie heißt er noch gleich? Flammkuchen?«

»Flambé«, unterbrach ihn Racine.

»Wie auch immer. Den werden wir besuchen und gleichzeitig Ferien am Meer machen!«, redete Doc weiter.

»Das ist doch wunderbar«, sagte Ludwig und geriet ins Schwärmen über seine alten Wanderrattenzeiten: »Cassis kenne ich gut. Als ich mit dem Frachtschiff Ivory damals aus Afrika kam, hatten wir eine Woche lang Hafenaufenthalt in Marseille. Mein Kumpel Kolja, diese versoffene russische Wanderratte, und ich …«

»Bitte verschone uns mit deinen alten Geschichten«, unterbrach ihn Raclette.

»Ich finde Ihre Geschichten interessant, ich könnte Ihnen stundenlang zuhören«, meinte Doc.

›Schleimer‹, dachte Racine und raunte ihm leise zu: »Misch dich nicht ein, meine Mutter kann diese alten Geschichten, in denen über kurz oder lang auch seine alten Rattenbusenfreundinnen auftauchen, nicht leiden.«

»Mein Liebling, ich finde es wunderbar, dass du ans Mittelmeer willst«, flötete ihre Mutter dann.

Was war plötzlich mit ihr los? Früher hätte es erst einmal einen Schwall Vorwürfe gehagelt.

»So, und nun habe ich euch etwas zu sagen!« Sie machte eine Pause und alle saßen unbeweglich da. »Ich habe mich entschieden!«

»Wozu, warum, nun mach es nicht so spannend!«, rief Ludwig.

»Wie ihr alle wisst, müssen wir unseren Schrottplatz verlassen. Oder wir sind hier zum Tode verurteilt. Ich habe mich entschieden zu gehen, ich habe mich entschieden zu leben!«

»Wie schön, dass ich das auch schon erfahre«, grummelte Ludwig.

»Ich habe mich entschieden, die Stadt zu verlassen. Und du kannst mit mir kommen oder auch nicht!«

So entschieden kannte Racine ihre Mutter noch gar nicht.

»Also, falls es euch interessiert: Ich mache eine Kreuzfahrt oder vielmehr eine Weltreise. Mit der neuen Queen Mary! Nächste Woche geht's los! Ich oder wir sind monatelang unterwegs und was ich danach mache, weiß ich jetzt noch nicht!«

Racine und Ludwig klatschten beide wie abgesprochen in die Hände, der Rest der Verwandtschaft fiel in den Applaus ein.

»Bravo, mein Liebling!« Ludwig umarmte seine Frau wie schon lange nicht mehr. »Ich komme natürlich mit, ich als alte Schiffsratte lasse mir dieses Abenteuer doch nicht entgehen! Aber wie kommt es, dass du dich so schnell entschieden hast?«, wollte er wissen.

»Nun ja, Racine hat mir ein bisschen geholfen. Hätten wir den Ausflug in die Stadt nicht gemacht, hätte ich dieses Plakat nicht gesehen. Das hat mich seitdem nicht mehr losgelassen. Ich träume Tag und Nacht von dieser Reise und das ist ein schönes Gefühl. Meine Entscheidung kommt quasi aus dem Bauch!«

»Apropos Bauch. Mein Bauch sagt mir gerade: Hunger!«, sagte Ludwig und die anderen Rattenmännchen folgten ihm zu der Papiertüte neben dem Reifen. Der Geruch warmer Croissants breitete sich aus, als sie die Tüte zerrissen.

»Männer«, schüttelte Racine den Kopf, »denken immer nur an das Eine«, und sie fuhr fort: »Lasst die Hälfte für uns übrig!«

Dann umarmte sie ihre Mutter: »Du bist mir also nicht böse, dass ich dich morgen verlasse? Und auch nicht, dass ich noch nicht heirate?«

»Nein, meine kleine Racine, ich bin so stolz auf deinen Mut! Nach Marseille! Und mit dem Flugzeug!«

»Und ich bin noch viel stolzer auf meine Mutter, die auf Weltreise geht!«

»Ich habe hier nichts mehr zu verlieren. Dein Bruder wird immer noch da sein, auch wenn wir nach Jahren erst wiederkommen. Und ich habe von der Welt noch so gut wie nichts gesehen. Schrottplätze! Es gibt ja wohl noch schönere Orte! Und außerdem glaube ich, es ist nie zu spät, sein Leben zu verändern. Egal, wie alt man ist!«

»Ganz genau, Mama! Ich finde es großartig, wie mutig und entscheidungsfreudig du bist!«

»Mutig?«, antwortete Raclette jetzt zögernd, »mutig fühle ich mich überhaupt nicht! Die Angst reist mit.«

»Mama, das ist anfangs ganz normal, weil man noch nicht so genau weiß, was kommen wird. Aber du wirst die Angst überwinden mit jedem Schritt, mit dem du dich in das Unbekannte vorwagst«, erwiderte Racine.

»Ach, ich glaube, ich habe vor allem Angst vor meiner eigenen Courage«, jetzt lächelte Raclette.

»Der erste Schritt in dein neues Leben ist getan. Du wirst sehen, von nun an wird es dir viel leichter fallen, dich auf etwas Neues einzulassen.«

»Du hast recht, die Angst wird mich nicht daran hindern, auf diesem Schiff zu fahren, ich folge meinem Herzen!«

**Entscheiden kann sich nur, wer seine Angst vor den Folgen einer Entscheidung überwindet.**

Die Angst vor dem Unbekannten und vor Veränderungen hemmt den Entscheidungswillen. Auf den, der diese Angst meistert, wartet ein abwechslungsreiches, spannendes Leben voller neuer Möglichkeiten.

# Stefans Entscheidung

Nachdem Thomas seine Geschichte beendet hatte, saßen die Freunde schweigend da. Die Stille wurde erst unterbrochen, als Giovanni kurz darauf mit dem Essen an den Tisch kam.

Als Erster fand Stefan seine Worte wieder: »Wie es scheint, ist keine Entscheidung auch eine Entscheidung. Das habe ich jetzt verstanden. Ich fühle mich so, wie es dem armen Karl-Otto beinahe ergangen wäre: leblos, in einem Würfel aus Schrott zusammengepresst. Und das nur, weil ich mich nicht für die tollste Frau auf diesem Planeten entschieden habe«, meinte er.

Und Lars-Hendrik fuhr fort: »Mir war noch nie klar, wie fremdgesteuert man ist, wenn man sich nicht entscheiden kann. Auch mir ging es so, dass ich mich für eine andere Abteilung entscheiden sollte. Ich dachte tagelang darüber nach und als ich mich dann schließlich durchringen konnte, zuzusagen, war es zu spät. Die hatten sich für einen anderen Kollegen entschieden, der schneller war.«

»Das hast du mir noch gar nicht erzählt«, wunderte sich Ruth.

»Ja, warum wohl nicht? Weil du wieder mit deinen Für- und Widerlisten gekommen wärst und mich irgendwie beeinflusst hättest. Du weißt ja immer alles besser.« Lars-Hendrik klang resigniert und Ruth schaute ihn schuldbewusst an. Einen Kommentar konnte sie sich dennoch nicht verkneifen: »Ja, und so ging dir mal wieder ein besserer Job durch die Lappen!«

»Sich zu entscheiden heißt, sich verbindlich festzulegen. Und das bedeutet wohl auch, endlich erwachsen zu werden. Davor habe und hatte ich wohl immer die größte Angst. Aber jetzt ist mir klar, was ich will. Ich will Nadine! Auch ich folge jetzt meinem Herzen, ich werde zu ihr gehen, jetzt gleich, mich entschuldigen und um ihre Hand anhalten. Sollte das zu spät sein, muss ich mit den Konsequenzen leben.« Stefans Augen glänzten und er sah bereits sehr viel besser aus. Er legte sein Besteck zur Seite, stand auf und verließ das Restaurant. Die Freunde schauten ihm erstaunt nach.

»Ja, die beste Entscheidung ist die, die man trifft. Lasst uns auf Stefans Wohl und seine Zukunft mit Nadine anstoßen!« Thomas erhob sein Glas und alle folgten ihm. Jetzt schien alles wie immer, an jenem Freitagabend. Nur eines unterschied sich: Alle entschieden sich noch für einen Nachtisch und sie saßen noch bis weit nach Mitternacht zusammen.

Manche Dinge geschehen, ohne dass man Einfluss auf sie nehmen kann.

Wir treffen ständig Entscheidungen, meist ohne uns ihrer bewusst zu sein.

Wer sich nicht selbst entscheidet, für den entscheiden andere.

Eine Entscheidung für das eine ist auch immer eine Entscheidung gegen das andere.

Das Gefühl hat schon längst eine Entscheidung getroffen, während der Verstand noch abwägt.

Die Entscheidung, einen neuen Weg zu gehen, kann auch unangenehme Konsequenzen nach sich ziehen. Dann braucht es Mut und Tatkraft!

Zu wissen, was man nicht will, ist der erste Schritt zu einer Entscheidung.

Es gibt keine verpassten Gelegenheiten, nur nicht getroffene Entscheidungen.

Sich nicht unter Druck entscheiden zu wollen, ist auch eine Entscheidung!

Falsche Entscheidungen gibt es nicht: Man muss höchstens Umwege auf dem Weg zum Ziel in Kauf nehmen.

Wenn man bereits wüsste, wie man sich entschieden hätte, wie sähe dann diese Entscheidung aus?

Man kann es mit seinen Entscheidungen nicht allen recht machen. Aber man kann es sich selbst recht machen!

Entscheiden kann sich nur, wer seine Angst vor den Folgen einer Entscheidung überwindet.